珍藏本
纪念版

汉译世界学术名著丛书

最优化规划论文集

〔苏〕列奥尼德·V.康托罗维奇 著

王铁生 译

2017年·北京

Leonid V. Kantorovich
ESSAYS IN OPTIMAL PLANNING
International Arts and Sciences Press
New York 1976
本书根据纽约国际艺术和科学出版社 1976 年版译出

汉译世界学术名著丛书
（120年纪念版·珍藏本）
出 版 说 明

2017年2月11日，商务印书馆迎来120岁的生日。120年前，商务印书馆前贤怀揣文化救国的理想，抱持“昌明教育，开启民智”的使命，立足本土，放眼寰宇，以出版为津梁，沟通中西，为中国、为世界提供最富智慧的思想文化成果。无论世事白云苍狗，潮流左右激荡，甚至战火硝烟弥漫，始终践行学术报国之志，无改初心。

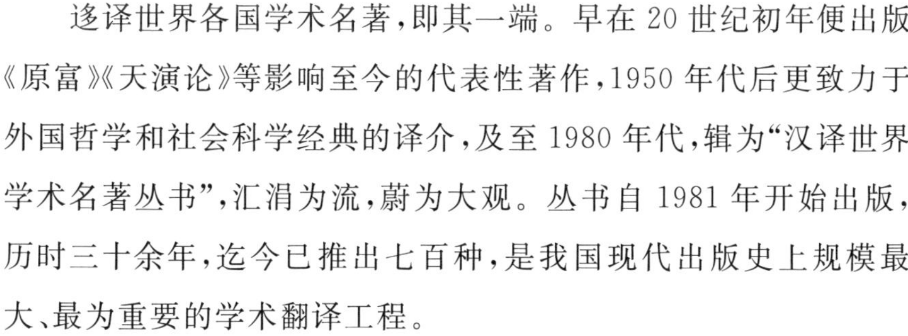

迻译世界各国学术名著，即其一端。早在20世纪初年便出版《原富》《天演论》等影响至今的代表性著作，1950年代后更致力于外国哲学和社会科学经典的译介，及至1980年代，辑为“汉译世界学术名著丛书”，汇涓为流，蔚为大观。丛书自1981年开始出版，历时三十余年，迄今已推出七百种，是我国现代出版史上规模最大、最为重要的学术翻译工程。

丛书所选之书，立场观点不囿于一派，学科领域不限于一门，皆为文明开启以来，各时代、各国家、各民族的思想与文化精粹，代表着人类已经到达过的精神境界。丛书系统译介世界学术经典，引领时代思想，为本土原创学术的发展提供丰富的文化滋养，为推动中国现代学术和现代化进程做出了突出的贡献。

为纪念商务印书馆成立120周年，我们整体推出“汉译世界学术名著丛书”120年纪念版的珍藏本，寄望既利于文化积累，又便于研读查考，同时向长期支持丛书出版的译者、编者和读者致以敬意。

两甲子后的今天，商务印书馆又站在了一个新的历史时间节点上。我们不仅要铭记先辈的身影和足迹，更须让我们的步伐充满新的时代精神。这是商务人代代相传的事业，更是与国家和民族的命运始终紧密相连的事业。我们责无旁贷，必须做好我们这代人的传承与创造，让我们的努力和成果不仅凝聚成民族文化的记忆，还能成为后来人可以接续的事业。唯此，才能不负前贤，无愧来者。

商务印书馆编辑部

2017年10月

出 版 说 明

本书收集了苏联经济学家列奥尼德·维特列维奇·康托罗维奇的18篇论文(其中有7篇是同别人合写的)。

康托罗维奇生于1912年,1930年毕业于列宁格勒大学物理数学系,1932—1934年任列宁格勒大学讲师,1934年起任教授,1949年因数学研究成绩卓越获斯大林奖金,1958年为苏联科学院通信院士,1964年为苏联科学院院士,1965年同涅姆钦诺夫、诺沃齐洛夫一起,因应用数学方法方面的研究成果获列宁奖。1975年因资源配置理论研究获诺贝尔经济学奖(当年诺贝尔经济学奖另一名获得者是美国经济学家柯普曼)。

康托罗维奇在经济学中的主要贡献是在资源的最优配置理论领域内。他在1939年发表的主要作品《组织和计划生产的数学方法》,为应用数学的分支——线性规划奠定了基础,为有效地利用经济资源提供了新的研究方法。收集在本论文集中的"经济学中的数学方法"一文,是康托罗维奇1975年10月回答苏联《文学报》记者的谈话,他谈到了他多年来研究这个课题的体会。"一个最优化规划的动态模型"一文(发表于1964年),着重从理论上分析最优化规划的条件和适应性。

文集中有几篇论文专门讨论单个部门的计划工作。康托罗维奇运用数学方法，考察单个部门如何组织和计划生产，以便有效地利用经济资源。例如，在“科学技术进步的经济问题”（发表于1974年）一文中，康托罗维奇谈到了科学技术进步与经济管理、经济效果的计算等的关系问题，提出了有关新装备生产的成本、新产品价格以及技术改造的决策的看法。他的中心思想是：现代科学技术革命正在对经济管理产生重大的影响，在产品和工艺迅速变换、国民经济结构中各部门的关系正在发生变化的条件下，不仅产生了对生产过程及其后果的预测问题和对新技术措施的效益的评价问题，而且还产生了预测社会的变化和环境的变化对经济的影响的问题。这样就涉及经济管理体制的变化和管理体制同技术进步如何相互适应的研究课题。他认为，经济数学方法将在这些方面发挥越来越大的作用。

康托罗维奇在他的许多篇论文中，都以苏联计划工作中的经验、教训和有待解决的问题作为研究的重点。康托罗维奇认为，苏联的经济科学和经济管理是以马克思的经济理论为基础的，但在社会主义经济中，如何实际运用马克思的学说，还需要进行大量理论研究，并且，社会主义计划经济管理体制也需要进一步加以完善，否则计划经济的潜在优越性就不可能充分发挥出来，经济资源也不可能得到合理的利用。正是出于这些考虑，康托罗维奇强调广泛利用数学方法，强调培养能够了解并掌握数学方法的计划工作人员，直到高级领导人员。

本书选编者为波士顿学院经济学教授、哈佛大学俄罗斯研究中心副研究员列昂·斯摩林斯基。

目　　录

康托罗维奇和最优化规划

列昂·斯摩林斯基

（一）

1938年，列宁格勒胶合板托拉斯向列宁格勒大学一位年轻的数学教授求教，请他协助解决一个看来似乎微不足道，但却很伤脑筋的生产安排方面的问题。在一定的产品组合的限制下，如何给八台具有不同生产能力的车床制订工作程序表，以使五种胶合板的总产量达到最大限度？托拉斯的研究室无法求得一个满意的最优方案。康托罗维奇教授能否告诉他们，他们错在何处？

康托罗维奇生于1912年，当胶合板托拉斯来向他请教时，他才26岁，但是他已经由于他在理论数学和应用数学方面的创造性工作而誉满全球了。他在14岁时考入了列宁格勒大学的数学系，18岁毕业，22岁时成为正教授，并在1935年得到了难能可贵并令人羡慕的博士学位。[①] 对于列宁格勒胶合板托拉斯提出的上述问

① 本文有关传记的材料来源，主要有以下这些：《数学科学的成就》，1962年，俄文版，第XVII卷，第4期，第200—215页；同前书，1972年，俄文版，第XXVII卷，第3期，第221—227页；《最优化》，1971年，俄文版，第3期，第7—13页；《苏联大百科全书》，俄文版，第3版，第11卷，第1007页。

题，也就是目前数理经济学史中所谓的“胶合板托拉斯问题”，他很快认识到它属于具有线性约束的极值问题，这类问题在计划经济的资源分配中是经常碰到的。实际上，计划经济的实质岂不就是在各种限制之下求得最大效果吗？列出这类问题的数学方程式是很简单的，但是想利用拉格朗日乘数的常规数学分析来求解，“在实践中却完全行不通，因为它需要从成千上万个（如果不是几百万个的话）联立方程组中求解”①。

一个普通的数学家也许就会拒绝这类求教了。但是康托罗维奇接受了挑战，他设计了一种新方法，利用他所谓的“求解乘数”（或按西方的术语，影子价格）来解这类问题。他在 1939 年发表的专题文章“组织和计划生产的数学方法”中介绍了这一发明，从而在数理经济学和应用数学中创立了一个新的分支。1947 年，经过美国人 G. B. 丹齐克独立进行的发现和发展之后，根据 T. J. 柯普曼的建议，这门新学科被命名为线性规划；几十年后，康托罗维奇和柯普曼共同获得了经济学方面的诺贝尔奖。

即使是数学天才，可能也会对这一成果感到满意，它后来使康托罗维奇解决了著名的 18 世纪的蒙日问题，②这一事实本身就是一项了不起的成就。但是康托罗维奇具有一种直觉（这种直觉在从不接触资源分配经济理论的数学家中是罕见的），他很快就看出，他的求解乘数在变化多端的经济形势下，能够广泛用来确定最优选择。柯普曼认为这种洞察力本身就是一个伟大的成就：“作者

① 见《组织和计划生产的数学方法》，1939 年，列宁格勒大学出版社，俄文版，第 68 页。

② 盖斯派尔德·蒙日（1746—1818）为投影几何学的创始人。

看出的广泛的应用范围,使他的文章成为在任何经济制度下管理科学的一部早期经典作品。"他断言:"这篇文章是这位数学家对于某些问题的一个具有高度独创性的贡献,这些问题在当时还几乎没有人看出它们在性质上是一些数学问题。它和冯·诺伊曼关于竞争性市场经济中按比例的经济增长的早期著作,以及丹齐克后来的著作具有同等价值。"①

在线性规划中,最优计划(无论是对一个工厂、一个工业部门或一个国家来说)被看作是一组具有线性约束的线性方程的解。

最优化计划工作的目的是要在给定的资源矢量和技术矩阵的条件下,使目标函数的值为最大。按照苏联经济计划工作的基本原理,目标函数被解释为:使具有一定比例关系的 n 种产品的产量总值为最大。

假定技术 s 被应用于单位水平时,可用以下矢量表示:

$$a^s=(a_1^s,\dots,a_n^s,a_{n+1}^s,\dots,a_N^s),s=1,2,\dots,r$$

该矢量前面的 n 个分量是最终产品,后面 $N-n$ 个分量为资源。

制订计划意味着找出一矢量 $\pi=(x_1,\dots,x_r)$,该矢量的每个非负分量表示可用的技术中的一种的利用强度。

于是第 i 种商品的产量可以表示为:

$$y_i^s=\sum_{s=1}^{r}a_i^s x_s,i=1,2,\dots,n.$$

对于计划 π 来说,它的可行的充要条件为:所有技术的利用强

① T.J.柯普曼:"关于康托罗维奇'组织和计划生产的数学方法'一文的评论",《管理科学》,英文版,1960 年 6 月,第 4 期,第 364—365 页。

度均应非负,需要利用的资源量不能超过实际可资利用的量。

如果一个可行的计划 π 的产量为最大,那么,它就是最优计划,也就是说,

$$\mathfrak{M}(\pi)=\min_{1\leqslant i\leqslant n}\frac{y_i}{k_i},i=1,2,\ldots,n$$

一个最优计划的充要条件是:存在着一组作为线性规划中的对偶问题的解而被求得的影子价格,影子价格应能满足以下条件:

1. 影子价格都是非负的,而且至少要有一个被包括在最优计划中的最终产品的影子价格为正值;

2. 对于每种技术来说,各最终产品的全部价值不超过它们的全部资源费用,两者均用它们的影子价格来计算;

3. 对于在最优计划中实际采用的每种技术来说,各产量的全部价值等于全部生产要素回收之和,从而造成每项活动的零利润;

4. 所生产的超过需要的任何产量以及未被充分利用的任何资源,都具有数值为零的影子价格。

用满足上述条件的影子价格来评价资源和最终产品,会使所有活动的利润为零,也就是说,会产生一个完全竞争的均衡模型。

康托罗维奇早期列出的公式是不完全的。作者没有清晰地阐明对偶问题的性质,他的乘数只是一种不具备"对偶复数"全部性质的计算工具,他也没有为求解而提供"一种精确的、完全规定了的算法"①。但是在此后几年中,他改进了他的方法,消除

① A. 查恩斯、W. W. 库柏:"论康托罗维奇、柯普曼及其他人的某些著作",《管理科学》,英文版,1962 年 8 月,第 3 期,第 246、249、251 页。

了一些重大缺陷，完善了数字计算，并且把线性规划的应用范围从微观经济领域扩大到了宏观经济领域。[①] 到 1943 年，他认识到，可以把编制国家计划这一任务本身看作是一个庞大的线性规划问题，在该问题中，求解常数可以转化为经济中一切资源和商品（包括在苏联经济中习惯地认为不具有价值的资本和土地）的最优价格系统。康托罗维奇认为，一种在一切活动中都造成零利润的价值系统的存在，乃是使国家短期经济计划达到最优化的充要条件。就这样，瓦尔拉—帕累托模型被一个很可能连他们的名字都不知道的苏联数学家重新发现了。

康托罗维奇发现线性规划并不是偶然的。那是他毕生对待理论数学和应用数学的态度的合乎逻辑的表现。无论是他最初的思想，还是后来他在极为不利的形势下，继续进行这方面研究的决心，都是和他的下述信念相符合的，即必须用客观现实来检验抽象的数学命题。应用数学和纯理论有着密切的联系，如果用同样严格的态度对它进行研究，那就会得到对应用数学本身来说很重要的成果，反过来，这些成果又会使人们在纯理论分析上有所认识，否则，这些认识将继续被隐藏于复杂的“现实世界”里。

他在发展“纯”函数分析（一个比较新颖的数学领域），以及将其应用于计算数学方面的早期研究工作，也是符合于这些原则的。从 1933—1935 年开始，他在函数分析中开创了一项新的发展，即关于整理过的矢量空间的一般原理，或者说，一组线性系统，其中

① 这方面的大部分研究都是在各种会议上发表的，但未出版，或者拖延了相当久以后才出版。

各元素的任何有限集都具有明确规定了的约束。该组线性系统被命名为K空间*,以表示对发现者的尊敬。[①] 虽然他是如此热情地在高度抽象的理论数学的分支中进行着开拓工作,但是他并不同意G. H. 哈代的下述有名的妙语:一项美妙的数学原理的最高检验,在于它的完全不能实用。他在一篇就他获奖一事而写的随笔中表明了他的立场:

“从传统上来说,函数分析一直被认为是一种不能够实际应用的纯理论学科。而我的目的却是要……否定这一传统看法……同时证明函数分析的概念和方法能够像它们被应用于数学问题的理论探索那样,同样成功地应用于创立和研究求解数学问题的有效算法。”[②]

从这一态度出发,康托罗维奇与别人合著了世界上第一本关于计算和求近似值理论的教科书,该书是在计算机出现后大量这类著作的早期(1936年)先驱者,[③]也是他多年来一直注意把严密性和精确性灌输到历来为纯理论数学家所忽视的领域的一个纪念碑。

(二)

通过树立一个最优化规划的新范例,康托罗维奇的发现为苏

---

* 康托罗维奇的第一个字母为K。——译者

① “Л. В. 康托罗维奇”,《数学科学的成就》,1962年,俄文版,第ⅩⅦ卷,第4期,第206页。

② 康托罗维奇:“函数分析和应用数学”,《数学科学的成就》,1948年,俄文版,第Ⅲ卷,第6期,第89页。

③ 康托罗维奇、克雷洛夫,《最优分析近似法》,1936年,俄文版,第1版,1962年,第5版,第9页。

联经济中的科学革命准备了条件。但是一项发现在它被广为传播、接受和应用以前，是不能引发某种改革的。康托罗维奇所发起的革命的酝酿期，结果是异乎寻常地长。

康托罗维奇的发现早期在列宁格勒受到的欢迎是十分热烈的。1939 年 5 月 13 日，他在列宁格勒大学首次介绍线性规划，得到了与会数学家的高度评价。两星期后，大学当局召集经理人员开了一个特别会议，会上康托罗维奇说明了他的方法在经济方面有着广阔的应用领域，并指出从这些应用中可以预期得到的在提高效率方面的收益。“出席会议的工业家对他的研究一致表示出巨大的兴趣，并要求立即出版。”[①]书马上就付印了，速度之快是前所未有的(1939 年 7 月 27 日)，不过印刷册数少得可怜，只有 1,000 册。主编 A. R. 马钦科曾预言，康托罗维奇的发现“将在我们社会主义工业的发展中起非常有益的作用”[②]。

不过新方法的传播过程在当时当地却停顿了将近 20 年。面对着苏联计划工作者和经济学家 的“恐数学症”(借用康托罗维奇自己的恰当用词)，他的开拓性研究工作得不到任何关注，没有一篇关于它的评论。直到 20 世纪 50 年代末期，才在经济文献中出现了唯一的一条涉及他的研究工作的脚注。[③] 康托罗维奇没有被这种漠不关心的态度所吓倒。40 年代初期，他取得了一些重大的

① A. P. 马钦科为《组织和计划生产的数学方法》一书所作的序言，该书于 1939 年由列宁格勒大学出版社出版。

② 同上。

③ 脚注的作者 B. B. 诺沃齐洛夫教授和康托罗维奇及涅姆钦诺夫共获 1965 年的列宁奖。见他著“社会主义经济中寻求最小消耗的方法”，《列宁格勒综合技术学院科学论文汇编》，1946 年，俄文版，第 1 期，第 336 页。

进展——他扩大了线性规划方法及其在经济方面的应用领域。他在一系列文章和在科学院会议上发表的演讲中介绍了他的研究成果，同时将其中某些与线性规划的数学方面有关，但与它的经济方面无关的研究成果付印出版。他的名著《经济资源的最优利用》一书的手稿，包含了他的关于短期国家经济计划的模型，1959 年出版后，成为苏联经济学中数学革命的主要推进工具。该书早在 1943 年就已基本完成，但出版单位拒绝出版。与此同时，美国的 G. B. 丹齐克、M. K. 伍德、T. J. 柯普曼以及另外一些人，在不知道康托罗维奇的开拓性工作的情况下，于 1947 年独立地发现了线性规划，并加以发展。[①] 线性规划的实际应用也同样受到冷遇。甚至胶合板托拉斯似乎也失去了它的历史性机会。直到 1950 年，列宁格勒一家列车车厢制造厂在解决一项工业设计问题时才应用了这一新方法。

用他的亲密同事的话来说，“多年来，康托罗维奇在其关于最优化规划的研究工作中完全处于孤立状态”[②]。有趣的是，就在这些年中，由于他在一些非经济性命题上的研究成果，他正日益被公认为一位权威数学家。他不断地在诸如函数分析、布雷场的最优设计、近似值理论以及自动化规划等各式各样的领域中，做出创造性的贡献；他在发展苏联计算机及其应用于科学研究方面进行了开拓性的工作，取得了好几项计算机设备的专利权。

---

① 直到 1958 年，柯普曼从作者处收到了《组织和计划生产的数学方法》一书的复印本时，才无意中得知有这么一本书。见柯普曼：《评论》，第 364 页。

② В. Л. 马卡罗夫、Г. Ш. 鲁宾斯坦：“论康托罗维奇在经济科学发展中的贡献”，《最优化》，俄文版，1971 年，第 3 期，第 11 页。

1949 年，他因一篇关于函数分析的应用的论文而获得了国家奖。那篇得奖论文的结尾部分是研究将函数分析应用于经济问题的，而且也已预告，要在已经刊载了论文前一部分的一家杂志的下一期予以发表，但后来却一直不曾发表，这一事实再好没有地说明了当时官方对待数理经济学的不调和的态度。[①] 康托罗维奇直到 1958 年才当选为科学院通信院士，于 1964 年当选为科学院院士。

在此期间，人们逐渐认识到数学方法对经济研究和计划工作可能具有的用处。1959 年，他的创造性著作《经济资源的最佳利用》终于在耽搁了 16 年之后问世了，接着又再版了他在 1939 年写的著作，不过他的这些著作事实上很难买到。康托罗维奇不能再抱怨缺乏必要的关注了。新的方法不容再被忽视，成了人们激烈争论的课题，一些思想上比较因循守旧的经济学家则对此采取怀疑的（常常也是了解欠深入的）态度。

但是康托罗维奇已经不是孤军作战了。在前几年中，他成了一群人数日益增多的青年数学家公认的领袖，这些青年数学家对线性规划和有关的最优化方法很感兴趣。50 年代末期，他在列宁格勒创立了国内第一个供经济学家学习数学方法的进修班。1960 年，该进修班随同它的指导人一起迁到了位于诺沃西比尔斯克的科学院西伯利亚分院，扩大成为一个具有自己刊物的研究最优化规划问题的主要研究中心。1965 年，康托罗维奇获得了列宁奖（他是和苏联经济学中数学革命的总设计师 B. C. 涅姆钦诺夫院士，以及 B. B. 诺沃齐洛夫共同获得列宁奖的，据某些人说，后者是第一个

① 康托罗维奇：《函数分析》，第 90 页。

阅读并理解康托罗维奇 1939 年专著的人)，这就终于使得他们为之奋斗的事业合法化，同时也使康托罗维奇今后不再遭受攻击。①

1971 年，康托罗维奇接受了他现在担任的莫斯科国民经济管理学院(一所培养未来经济管理领导干部的一流学院)的职务。和在诺沃西比尔斯克时一样，他继续对最优化规划的理论与实践做出重大贡献。他和蒙日不无相似之处(他曾经解出蒙日的有名的问题)，后者曾被称作是“最杰出的教师”，而康托罗维奇也是一位善于启发的教员，他在培养苏联数理经济学家方面起着最主要的作用。在被忽视了 30 年之后，这一责任重大而艰巨的任务实际上不得不从零开始；在此 30 年中，数学方法被禁止列入经济学家的教学内容，经济杂志也不准刊登有关数学方法的文章。

康托罗维奇关于最优化规划的建议受到批判的原因之一是：这些建议侵犯了计划工作人员的选择自由，同时使苏联的管制经济中，依靠传统的算术方法进行实物形态的资源分配而达到的高速经济增长受到威胁。

第一条反对意见是不能成立的。新方法并没有改变在给定的产品组合中使总产量最大这一传统的目标函数，从而保留了中央计划工作人员对于目标的选择自由。不过他们在采用什么方法方面的选择，现在已被明确地公认为受约束地求最大值的过程。当

① 这种免遭攻击权似乎已经用尽。就在康托罗维奇被授予诺贝尔奖之前，Б. 格里雅茨诺夫发表了一篇批判线性规划法的文章，它的精神同早期的不学无术的攻击如出一辙。线性规划法在宏观经济最优规划中的用处，被打上了问号，特别是，将“求解乘数”解释为匮乏价格的做法，被认为是不正确的。见格里雅茨诺夫在《计划经济》上发表的文章，俄文版，1975 年，第 9 期，第 155 页。

影子价格表明缺乏约束(scarcity constraints)时,就为计划工作者提供了一个选择最有效的计划方案的有力工具。因此,采用新方法将能减少在方案选择方面所允许的武断程度,但也会大大改善这种选择的静态效率。不过这将使"增长与选择"(借用彼得·华尔士所提出的恰当说法)之间,或者静态效率目标与动态效率目标之间有可能发生冲突。这一批评具有很大的理论上和实践上的重要性,所以康托罗维奇此后的工作,主要(虽然还不是完全)致力于扩大和加深他最初的分析构思,以便千方百计解决动态经济中长期计划工作的问题。

(三)

我们记得,线性规划是打算在工厂一级解决短期计划问题时被发现的。在《经济资源的最优利用》一书中,作者将线性规划的应用范围扩大到短期国民经济计划,作者也认识到非线性动态模型的重要性,但是没有对其特点做任何详细的探讨。直到"一个最优化规划的动态模型"(1964 年)(本选集第 4 篇论文)和"长期计划的最优化模型"(1965 年)两篇论文发表后,他才逐渐设计出一个国民经济计划的多时期模型,设计该模型的目的是为了解决时间方面的最优化规划问题,短期模型只是这个多时期模型的一个单一时期的截面。[①]

① 见 H. П. 费多连科:"最优化规划的动态模型",《计划工作和经济—数学方法》,莫斯科,俄文版,1964 年,第 334 页。

艾尔弗雷德·马歇尔曾经说过，时间问题是经济分析中最大的困难的根源。规划模型也不例外。

在这本论文选集中所收集的1959年以来康托罗维奇的大部分经济论文中，一个共同的主题就是经济计划工作中时间因素的分析：经济活动的长期规划、时间方面的最优化规划、增长模型、在动态最优化规划中出现的各种具体困难和复杂情况。在康托罗维奇试图使他的短期模型适用于长期计划工作中的分析和实际要求时，他碰到的主要困难有以下这些：

1. 影子价格是就时间的某一点而言的，但是长期计划工作涉及的却是各个时间之间的各种选择，在这些选择中，现在和未来的成本及效益无法用静态评价来进行直接比较。

2. 康托罗维奇列出的线性规划公式是在给定的技术矩阵的前提下，关于一定的资源矢量的最佳利用强度的。在长期计划中，这些约束需要免除，以便在一定时间中允许资源供应能够增长，技术能够进步。因此，需要一个能说明这些变数和类似的变数以及经济增长率之间的相互关系的增长模型。

3. 必须考虑到非线性问题。

4. 必须承认计划不同组成部分的概率性。

5. 长期计划涉及的是一些决定经济发展方针的战略性选择，特别是有关投资率的问题。虽然在苏联计划工作的实践中，这种战略性选择本身是这一系统领导人员的特权，但是要对这种选择的各种复杂情况进行分析，没有一个长期计划模型又不行。顺便指出，20年代数理经济学家们对这些政治上十分敏感的问题的讨论，促成了他们的垮台。

康托罗维奇打算怎样处理这些问题呢？

在动态模型中（见第 4 篇论文），一切生产要素及产品的影子价格，如同这些生产要素及产品一样，都是注明日期的。因此，在 n 个不同时期中被考虑的一个变数，就要作为 n 个不同的变数来对待。影子价格往往会在计划时期中发生变化（照例是下降）。一个最佳多时期线性模型的高效条件现在是：存在着这样一组注明日期的乘数（影子价格），当它们被应用于不同时期的活动时，将使所有活动的利润为零。

效益和成本在时间上的可比性通过将未来价值折算为它们的现在价值而得到保证。一种被称作“标准投资效率”的高效利率 e_i（作为资本边际生产率而从科布—道格拉斯累计生产函数导出）起着贴现因素的作用。最优计划是作为具有最高现值的方案而被选出的。因而贴现因素成了整个系统的关键所在。如果打个通俗比方的话，贴现因素贯穿着多时期计划，就如同烤肉叉贯穿着一片片烤肉一样，它把计划捏在一起，同时通过保证在各个时间之间的选择上的连贯性和一致性而赋予计划特定的构成。

康托罗维奇在其早期著作中假设贴现率是不变的，以便为影子价格的多时期系统提供一个稳固的结构。在以后的年代中（例如在 1972 年），作者承认，当各工业部门投资效果的概率均不相同时，给某个工业部门，比方说，给 i 工业部门规定了较低的标准，就相当于该工业部门中较高的赢利概率有了一个合法的回扣。在这里，正如同在某些其他重要的场合一样，康托罗维奇从经济计划工作中严格的决定论的方法转移到概率论的方法。

现实世界中非线性的存在，是造成计划工作模型中很多复杂情况的根源。早在 1940 年，康托罗维奇就已认识到它们的存在，但是他认为，可以用线性模型的分析工具来加以解决。他接着指出，当企业数量非常多时（如在整个经济以及在一个足够长的时期内），非线性在企业一级产生的影响趋向于大致被抵消。在本选集的第 4 篇论文中（1964 年），他建议通过将成本曲线分割为若干直线段，并把每一直线段作为计划的独立组成部分来对待的办法，将非线性的成本函数结合进线性模型。当存在着非线性时，影子价格只能应用于变数的微分变化，而且一组高效的价格也不再是存在着一个最优计划的充分条件（虽然这仍是一个必要条件）。当存在着非线性时，全部生产要素的回收（return）可能超过产量的全部价值（两者均用影子价格计算）。这一情况使得被康托罗维奇视为对外部经济的一种补偿的补贴付款成为合法，或者实际价格必须定得高于最优价格。

另一困难是关于模型的集聚水平（level of aggregation）。从理论上说，非线性、外部事物、概率因素，以及类似的复杂情况，常常可以通过增加模型的变数和约束的办法，使它们结合进模型。在他以后的著作中，康托罗维奇对这种理论上成立的解答实际上是否可行日益怀疑，并告诫人们要提防下述假设，即只需任意增加模型变数的数量，就能把现实经济中各种特点的多样性都考虑进去。由于求解具有两三百个以上的约束的问题很困难，“像这样的假设……是远远脱离实际的”①。他认为，在实际工作中，对有效

① 见与 B. N. 齐亚诺夫合著的“在技术进步条件下考虑基金结构变化的一种产品的动态经济模型”，《苏联科学院学报》，俄文版，第 211 卷，第 6 期（1973 年），第 172 页。

而稳定的模型的需要，可能有利于模型的高度集聚，纵然从分析上说，模型将从解聚(*disaggregation*)而获益。

康托罗维奇对于集中计划的经济中经济增长的分析，说明了这一态度。自从他设计了他的第一个增长模型以来(本文集第 5 篇论文，1959 年)，他就假设一种高度集聚的、具有一种产品和一个部门并采用科布—道格拉斯生产函数的经济，并在这种假设下进行研究工作。尽管这一模型缺乏现实性，但是正如 G. M. 希尔所指出的，在集中计划的经济中，这样一种模型的优点是，它"使得把长期计划工作的目标系统地加以说明成为可能，而无须考虑与此无关的各种复杂情况"[①]。在以后的著作中，康托罗维奇又逐步结合进一些补充的变数，并且研究了诸如时滞、技术进步、折旧方法等因素对经济增长率的影响。他并没有把他的结论机械地施加于一个多时期模型，而是设法把那些他认为是长期计划工作中的关键性变数分离出来。从他的科布—道格拉斯生产函数导出的"标准投资效率"，乃是静态效率与动态效率之间，以及计划效率和计划增长之间的关键性联系。

康托罗维奇在他关于长期计划工作的探讨中(虽然不是在他的数学模型中)，日益认识到未来的不确定性。[②] 他给发生论者(geneticist)(康德拉季耶夫、巴察罗夫)和目的论者(斯图鲁米林、斯大林)长期以来关于经济计划是预测还是命令的争论，提供了新的解答。根据本文集的第 14 篇论文(1974 年)及其他一些近期著

① G. M. 希尔：《经济计划工作的理论》，1973 年，英文版，第 257 页。

② 虽然他已具备作为概率论教科书作者所必需的专业知识。参阅他的《概率论》，1946 年。

作来看，这种新的解答既包含了决定论的成分，也包含了概率论的成分，特别在革新、矿石探勘及外贸等计划工作领域内，更是包含有后一成分。康托罗维奇给争论添加了一个新的论点，他表明，否认不确定性实际上将会导致计划工作中一种保守的偏见（它曾被用作对发生论者的责难），例如，歧视投资，认为它有风险，而革新却能满足人们的愿望，“如果你需要它们带来有保证的、即时的盈利的话”①。

最后，那种几乎不考虑成本只求产量最大化的苏联经济计划工作的做法，结果只是造成了一部可用以动员资源，而不是高度有效地利用资源的机器。康托罗维奇的短期模型是涉及静态效率的，后者在传统上习惯地被看作是次要的目标。另一方面，他的关于长期计划工作的讨论，又必然侵犯某些敏感的动态效率问题，这些问题触及了诸如外延增长战略的合理性之类的计划人员选择权的核心。

正如收进这本文集的论文所表明的那样，康托罗维奇并不强调这些问题，但是他也不是置身于这些问题之外。他指出了单纯增加劳动力和生产基金所能达到的经济增长的极限。他反复强调和计划目标系统密切配合的刺激制度的重要性。他还探讨了关于选择消费—收入比（C/Y）这一敏感问题的若干假设：

1. C/Y 是根据诸如国家的外部形势之类的非经济的考虑，由外因加以确定的；

① 见“科学—技术进步的经济问题”，《经济学和数学方法》，俄文版，第 10 卷，第 3 期（1974），第 432—448 页。

2. 计算几个 C/Y 的方案，然后选择一个最佳且在政治上也能被接受的方案；

3. 根据 C/Y 的下降对劳动生产率(通过实际工资)，从而对国民收入增长率的影响，确定计划的 C/Y 的下限。

康托罗维奇如此谨慎小心地对待消费问题，说明了在西方型经济和苏联型经济中，在优先考虑什么这一点上存在着重大差别。他的一个部门、一种产品模型类似西方长期计划工作的“吃蛋糕”模型，其中关键问题是提供最优极限股本。但是他并不关心目前的消费—收入比是否超过了长期计划的最优需要，而是关心过分牺牲目前产品的可能性。“经常发生这样的情况，由于关心我们的后代，我们损害了目前一代的利益，尽管最后证明这些牺牲都是不必要的。”

换句话说，真正的危险不是吃得过多，而是订菜订得过多，结果发现并不能达到当初“勒紧裤带”的目的，而不得不把吃不了的蛋糕扔掉。

(四)

收进这本文集的论文具有双重意义：它们既是对经济计划工作理论的贡献，又有助于我们了解苏联经济体系。数学模型是现代经济分析的有力工具。它在一个像康托罗维奇院士那样熟练的实践者手中，加以构思和运用，就能产生一种洞察力，揭示苏联经济中重要的相互关系、内部失调以及进一步发展的潜力。

这些论文是按如下顺序安排的。头 3 篇是康托罗维奇对苏联经济中最优化规划的现状及其进展以及需要解决的关键性任务的评价。

第 4 到第 14 篇论文，大部分是探讨在集中计划的经济中，如何确定国民收入增长率和标准投资效率。读者可以了解作者的观点是怎样从动态规划的简单模型(第 4 篇论文，1964 年)和经济增长的简单模型(第 5 篇论文，1959 年)进化到他现在的立场的。

沿用西方惯用的符号，令 i 等于标准投资效率，Y 等于国民收入，L 等于就业，K 等于股本，C 等于消费。然后在第 6 篇论文(1967 年)中，假设存在一科布—道格拉斯生产函数，

$$i=\frac{\frac{1}{Y}-\frac{\mathrm{d}Y}{\mathrm{d}t}\frac{L'}{L}}{1-\frac{C}{Y}-\frac{L'K}{LY}}$$

在第 8 篇论文中(1970 年)，增加了表示技术进步及折旧政策的影响的更多的变数。折旧政策既反映了物质磨损，也反映了精神磨损，是苏联实践中一个有争论的问题。在第 11 篇论文中(1973 年)，增添了进一步的细致的改进。现在收入增长率在每一时刻都要求最大，作者引用了一些新的时滞变数，以便说明刚投入生产的新投资项目的资金密集程度及全部完工并达到充分运转能力所需的时间等对这些项目最大生产力的影响。康托罗维奇作为他自己的计量经济学家而行动这一事实，增加了理论探讨的意义。第 8 篇论文具有特殊的意义，作者把一些统计数据和估计数馈入他的模型，以期得到 1965 年苏联经济的模型参数的实际数值。这样估算得出的高效利率大致为 22%。在第 11 篇论文中，当把上述技术进步和其他增添的变数考虑进去以后，这一估算值大致减

少到 18%。应该指出，作者已经超出了帕累托最优化的正常假设之外，他允许——如果由于风险因素等而有理由的话——这一标准在各部门之间有所不同。

除了威廉·鲍摩尔称之为“宏伟的动态”这类庞大的问题以外，康托罗维奇还一直在着手解决一些涉及范围较小的具体问题，这些问题是在苏联经济不同领域内设计和完成最优化规划的过程中出现的。

第 13 篇论文(1966 年)足以表明作者在阐明最优设备更换理论的一些原理并从而弥补苏联投资政策中新、老固定资产之间的现存差距方面的成就。[1] 折旧费是影子价格，它们应充分反映固定资产真实的要素成本(包括精神磨损)，并有助于做出最优设备更换顺序的决策。年度注销额的一部分应随固定资产的寿命长短而变化，而另一部分则应随固定资产的使用时间而变化。在固定资产早期使用中较高的注销额，有助于“保证”不至于因技术进步而有可能受到精神磨损；而对老机器较低的(或等于零的)注销额，则会阻止它们的过早废弃。

第 15 篇论文(1971 年)的要点(也是苏联经济学家在很多场合反复提到的)是：急需进一步提高动态计划工作，尽管他的静态模型的方法还没有被苏联价格形成的实践所掌握。他指出不合理

① 见下列各文：与 И. В. 罗曼诺夫斯基合著的“在设备最优利用条件下的折旧费”，《苏联科学院学报》，俄文版，第 162 卷，第 5 期(1965 年)，第 1115—1118 页；“机器修理厂固定荷载条件下折旧计算的结构”，《苏联科学院学报》，俄文版，第 166 卷，第 2 期(1966 年)，第 309—312 页；“在机器修理厂的利用方面某些模型中折旧费的结构”，《最优化》(诺沃西比尔斯克)，第 21 卷，第 4 期(1971 年)，第 7—20 页。

的价格形成会给经济造成损失，而符合各种产品相对真实匮乏程度的各生产要素的实际价格（尤其是土地和资本的费用），则能带来效益。[①]

在第16篇论文中（1972年），康托罗维奇探讨了完成国民经济最优化规划和日常管理所必需的计算机硬件的当前需要；而在第17篇论文（1972年）中，则研究了对计算机软件的需要。文中讨论了选择模型的标准、程序以及算法。

在第18篇论文（1970年）中，作者报告了一个已在他的指导下在20世纪60年代成功地实现，但早在1940年，就由他提出的出色的规划。该规划的内容是：在由外部给定供求量并存在着运输投入的上限的情况下，为整个苏联钢铁工业，找出一个在板材和管材的生产安排和产品分配方面的最优方案。康托罗维奇指出，解出这一问题需要列出一个3,000,000×30,000阶的矩阵，“还从来没有人解过如此庞大的问题”。经过许多研究组共同努力了八年多，才得到了一个答案。

（五）

根据上面的介绍，我们看到了三十多年来，从最初的胶合板托拉斯问题开始的一条漫长的道路。在这整个漫长的过程中（获得1975年诺贝尔经济学奖是这一过程的顶峰），康托罗维奇显示了令人钦佩的在目标上的一贯性，为达到他的突破而在方法上的一

① 见“经济科学在实践中的成就”，《经济报》，俄文版，第26期（1974年），第14页。

致性，以及在改进他的研究，使它臻于完善方面的坚持性。在他关于最优化规划的研究工作中，如同在他的数学研究中一样，他把严格遵循“演绎推理的长链”的治学态度，和对经济现实中的复杂性所造成的约束的敏锐感结合起来。特别是在他近期的经济著作中，他趋向于采用综合(synthesize)的方法，而不是对分(dichotomize)的方法。

因此，虽然他是一个生产要素—成本定价法(factor-cost pricing)的热烈拥护者，现在也同意采用补助和不同的利率的办法。他警告人们不要把最优化规划与市场社会主义等同起来(见第1篇论文)，也不要与完全集中的决定论的计划工作的拉普莱斯管道幻想等同起来。在一个巧妙的直喻中，他把经济系统同一枚宇宙火箭进行比拟。在简单情况下，经济系统的进程能够预先规划，它是一个类似简单经济系统中决定论的计划工作那样的东西；但是比较复杂的任务需要通过反馈回路对规划进行不断的修正。同样，对复杂的现代经济进行计划的前提条件是，“一种中央计划和分散单位的自主行动的结合”[①]。他警告说(不像奥斯卡·兰格那样的市场社会主义者早期的劝告)，单是告诉这些单位什么样的行动方针对经济最为有利，那是不够的，还必需刺激它们遵循方针。

根据同样的精神，他建议采用指令性计划和预示性计划相结合的办法，虽然“人们还不知道如何能够保证命令和预测两者最好的结合”[②]。集中分配物资的办法，应该和生产资料的自由批发贸

① 见与B. И. 齐亚诺夫合著的“在技术进步条件下考虑基金结构变化的一种产品的动态经济模型”，《苏联科学院学报》，俄文版，第211卷，第6期(1973年)，第206页。

② 同上刊，第179页。

易结合起来采用。[①]

这种多元论的态度，是和康托罗维奇关于数学模型在经济分析中的作用的谨慎结论相一致的。他指出了"从线性规划模型中能得出的推论所具有的局限性、条件性和近似性……"同时警告说要防止"那种教条主义的和不加批判地接受从模型的应用中得出的结论，以及把还有问题的方法加以绝对化和估计过高的态度"[②]。简言之，他看到了数学方法正被抬高到一种新教条地位的危险，除非是用一种批判的、创造性的和非形式主义的态度来应用它们。

康托罗维奇的最优化规划理论的意义，还不能从它的实际应用来加以判断。虽然这些实际应用都是很重要的，但是它们还远远落后于理论。至少就目前来说，这一理论的主要意义还在别的方面。

在西方，丹齐克发现了线性规划，从而使经济分析大大前进了一步，但是并未引起科学革命。而在苏联，康托罗维奇的发现，除了它本身所固有的重要性以外，它还起着另一附加的作用，即作为介绍并明确认识在约束下进行选择的逻辑的媒介物。新的最优化规划范例在为苏联新一代的经济学家奠定经济分析基础这一工作中，起着重大的作用。这一具有巨大发展前途的过程的启蒙阶段

① 见与B.И.齐亚诺夫合著的"在技术进步条件下考虑基金结构变化的一种产品的动态经济模型"，《苏联科学院学报》，第208页。

② 见与B.N.齐亚诺夫合著的"在技术进步条件下考虑基金结构变化的一种产品的动态经济模型"，《苏联科学院学报》，俄文版，第211卷，第6期（1973年），第181—182页。

还远未完结，它大有前途的实际成果阶段才刚刚开始。库恩的提示倒是颇为恰当的："最优化规划范例所争论的实际上并不在于相对的解决问题的能力……需要在几种可供选择的实践科学的办法中做出决策，同时这一决策又必须更多地建立在对未来的指望上，而较少地建立在过去的成就上。"[①]

① 托马斯·S.库恩:《科学革命的结构》,英文版,第2版,芝加哥大学出版社,1970年,第157—158页。

1　经济学中的数学方法*

杰出的苏联科学家和国民经济管理学院经济—数学方法及运筹学特别研究小组领导人康托罗维奇院士，以及美国数理经济学专家柯普曼教授，由于他们对资源最优利用理论的贡献而共同获得了1975年的诺贝尔经济学奖。《文学报》记者O.马罗茨采访了康托罗维奇院士，并请他回答了几个问题。

问：列奥尼德·维特列维奇，十年前，您和您的同事们——涅姆钦诺夫院士及诺沃齐洛夫教授——由于在线性规划和经济模型方法方面的卓越研究，而获得了我国授予科学家研究成果的最高奖赏——列宁奖。现在这一成果已经引起了瑞典科学院的注意。您能和《文学报》的读者扼要地谈谈您多年来研究工作的内容吗？

答：我开始研究资源最优利用理论（由于这一研究，使我和美国科学家柯普曼教授共同获得了诺贝尔奖），是在30年代末期我在列宁格勒大学和数学研究所列宁格勒分所工作的时候。当时，我开始注意诸如在各机床间最优地分配工作，最合理地设计金属的型号，以及最优地利用运输工具和耕地面积之类的实际问题。

* 原载于苏联《文学报》第43期，1975年10月22日。

所有这些课题都属于同一类数学问题，即所谓极值问题。很明显，想用古典的数学方法来解决这些问题，实际上是不可能的，因为它需要从成千上万个甚至几百万个联立方程组中求解。由于这一原因，于是发展了新的方法，即以后所谓的线性规划方法，后来又进一步发展成为数学最优化规划方法。我在我的一本小册子，《组织和计划生产的数学方法》中阐明了这些方法的原则，该书于 1939 年由列宁格勒大学出版。

人们随后就看出，线性规划方法可以扩大而用来解决具有更大规模的问题，例如，和计划货运流有关的问题，在部门范围内合理利用生产能力的问题，以及更进一步的整个国民经济计划工作的问题—当然，是在社会主义经济的条件下。

数学模型是在解决这样一些问题的过程中被建立起来的。因此，它不仅使计划的计算成为可能，同时，也为许多重要经济指标(例如，租金的价格、基本建设投资的经济效果指标)的科学的实证计算，提供了基础。

这些问题在《资源最优利用的经济计算》一书中得到了首次最全面的论述，该书由苏联科学院于 1959 年出版。随后，在许多较年轻的苏联经济学家的著作中(特别是在中央经济—数学研究所、经济研究所、苏联科学院数学研究所西伯利亚分所、乌克兰科学院控制论研究所，以及其他许多科学研究所和高等院校中)，这些问题又得到了重大的发展。

近年来，这种方法又成功地被用来解决属于诸如自然资源利用和环境保护经济学这样一些比较新的领域的问题，以及关于技术进步的经济学的许多问题等。

与此同时，也必须指出，在这方面仍有很多重大问题尚未解决。不过人们如果考虑到“经济事物”的极端复杂性和多样性，就没有什么值得奇怪的了。我们记得，在应用数学已有几百年之久的物理学和机械学中，也仍然存在着许多尚未解决的与数学的应用有关的问题。

问：您觉得这些方法在国民经济中已经有了哪些实际的应用？

答：大约在二十五年以前，最优化数学规划方法首次被用于实践。列宁格勒艾哥罗夫列车车厢制造厂利用这些方法进行合理的投入并获得了很大的经济效果。应用这些方法来解决运输问题，并计划莫斯科、列宁格勒及其他城市中的货运流和卡车路线，也已经十五年多了。它大大地减少了工作量并更有效地利用了运输。

还可以举出许多别的应用最优化数学方法的例子。许多部门都已进行最佳长期计划的计算，它带来了基本建设投资上的大量节约。这些计算已经在计划工作中得到肯定的应用。

问：依您看来，在国民经济中应用最优化数学方法的前景怎样？

答：在未来，这些方法将会得到更广泛的应用。党和政府不断给我们指出了这一方向。例如，苏共第二十四次代表大会提出了“保证经济—数学方法的广泛应用，以便改善国民经济的计划工作和管理……”的目标。

在长期计划工作中，这些方法的应用已经得到了特别的重视。在我看来，把这些方法也在短期计划工作中加以利用，是非常重要的。在后一种情况下尤其重要，因为一方面它们能够产生即时的和无可争辩的效果，另一方面，由于短期计划工作对各项决策有更严格的要求，这就有可能改善、“琢磨”最优化规划的方法，同时也能提高这些方法的权威性。最优化方法必须更广泛地用于对消费的研究，以及与进一步提高生活水平有关的问题。

短期计划工作的数学方法和模型，应该在自动控制系统的研究中占有更大的位置，我们知道，当前，自动控制系统正在引起广泛的注意。从这种系统中得到的极大效果，与其说是由于解决了纯理论的信息问题，与其说是由于保存记录已自动化，还不如说是由于在短期和长期计划工作中引进了最优化原理。这不仅将提高管理工作的效率，同时也将提高生产本身的利润水平、资金的利润率，以及基本生产的劳动生产率等等。

当然，为了能广泛地应用最优化的数学方法，单靠科学工作者和科学研究所的努力是不够的。工业管理人员直接参与此项工作是必不可少的条件。此项工作应由国家的主要经济计划机构(例如，国家计委、国家物资技术供应委员会、价格委员会、劳动力和工资委员会、财政部、科学和技术委员会)来领导。没有它们的参与和监督，有些方法即使在许多企业中已被证明行之有效，多年来也得不到推广。

问:您怎样解释如下事实，一项从研究社会主义社会的经济得出的成果，却得到了(顺便提一句，是第一次得到)一个资本主义国家科学组织的奖金?

答:我看不出有什么值得奇怪的地方，因为这项成果的很大一部分乃是用以调查经济系统和经济目标的一般科学方法的发展，而这些经济系统和经济目标在任何一个经济发达的国家的经济中当然都可以看到。同时，正如我们已经指出的那样，这些方法毕竟是用于个别企业一级、个别部门一级的。因此，在一定程度上，它是一种带有共同性的科学成就。在西方国家中，特别是柯普曼教授在他的研究中（在这里，我也要提到美国科学家丹齐克教授和苏联研究人员诺沃齐洛夫教授及A. L.卢里叶教授所做的贡献），也独立地发现了（如果时间上稍迟一步的话）这些方法，这一事实证明这些方法具有普遍性。

与此同时，必须指出（我在我1939年出版的第一本著作中就提到了这一点），最优化数学方法应该被看成是在社会主义经济制度的条件下才是最有价值和最适合的，在社会主义经济中，科学的计划工作起着一种无法估量的大得多的作用。我们可以举出在整个国家的范围内分配金属制品的订货这一问题作为例子。目前，在我们的直接参与下，国家物资技术委员会利用线性规划的方法就可以解决这一问题。很明显，利用几百台板材和管材轧钢机以满足几万个不同单位的订货的问题，可以同时并协调地加以解决。当然，这在任何非社会主义国家中都是不可想象的。这些方法还可以进一步应用于整个国民经济；而有意识地科学地计划整个国民经济，只有在社会主义社会的条件下才是可能的。

在这里，我们还必须指出下面这一点。应用经济的数学模型，除了能提供改善经济管理计划方法的有效手段以外，还使国家的计划政策与地方的经济积极性有可能合理地结合起来，而使前者起决定性作用。由于这一理由，西方刊物上（基于对事物本质的无知或有意加以歪曲）出现了一种把最优化规划与“市场社会主义”理论联系起来的看法，那是完全没有根据的。早在1959年，当我在我的著作中批判类似的理论时，我就指出，这些理论的根源是对社会主义国家在计划工作和经济发展中已经取得的成就估计不足，以及对社会主义生产方式——人类历史上最完善的生产方式——的本性中所固有的进一步改善经济计划工作的巨大潜力估计不足。

2 让我们应用经济科学的成就*

现代社会主义生产的巨大规模和深刻的相互联系，使得生产管理日益复杂和重要，并要求不断提高管理的科学水平。这种情况决定了对经济科学的不断进步和迅速发展的需要。共产党坚持不懈地谋求经济学家的协助，以解决经济实践中的迫切问题。党为经济科学提供经常的帮助，并关心它的全面发展。

苏联经济学家为改善管理机制做出了显著的贡献。在这里，我们要特别提到在建立经济过程数学模型的方法方面的精心研究，以及计算机在生产管理中的利用。苏联科学家在最优化规划方法论方面的研究，具有特别重要的意义。

近十年来，这些和另一些新方法已经在实践中经受了仔细的检验，它们已在部门长期计划工作中获得广泛的应用。

当然，经济科学的进步仍然不能满足形势发展对它提出的要求。与此同时，对于许多已经经过检验并被证明是有效的方法在实际应用中的缺点只字不提，那也是不正确的。

* 原载于苏联《经济报》1974 年，第 26 期。

未被利用的机会

因此，在我们看来，新的最优化规划的数学方法明显还没有在经济中得到充分的利用。虽然已经有几十个部门在长期计划工作中进行最优化规划的计算，并且也在许多情况下带来了可观的节约，但事实上，这些方法仍然没有在短期计划工作中得到应用。然而在一个部门或其分支机构内部各企业之间分配短期生产计划时，利用最优化规划的方法却能产生巨大的即时效果。国家物资技术供应委员会和苏联黑色冶金工业部系统就如何合理地利用管材和板材轧钢机问题提出的一个方案，很清楚地证明了这一点。遗憾的是，这样的例子确实太少了。在多数情况下，部门的自动管理系统甚至还没有使最优化短期规划的原理具体化，要不就是这些原理还没有发生作用。

很明显，之所以出现这种情况，是因为在短期计划工作中应用数学方法，是和高度的责任制、求出解答的严格的最后限期、不失时机地获取信息的困难以及修正计划并使部门间互相配合的必要性等这样一些因素联系在一起的。在这方面，必须表现出坚持性和首创性，以便克服明显的习惯势力和对新事物的恐惧。

同时，从理论上阐明改善许多经济指标的意义，这对实际工作是极为重要的。然而在许多情况下，这些新方法仍然没有在计划机构中得到充分的应用，不做到这一点，就会使新方法对国民经济的巨大效果无从实现。例如，经过多次讨论而在经济科学中形成的支付基金占用费的重要原则，以及考虑价格中资金密集度的重要原则，就仍然没有充分一致地在价格形成系统中得到反映。在制定批发价格的过程中，并没有把考虑某种待定产品的资金密集度作为一条规则来对待，这就经常导致不正确的价格关系，从而使得新的、先进的产品型号处于非常不利的地位。

一直到目前，对于采矿工业和农业极为重要的地租，事实上仍然没有在价格中得到恰当的考虑。最优化规划的方法论为规定这样一种价格提供了客观而有效的方法，这种价格能在考虑到现代条件的情况下，使地租理论具体化。在采购价格中和农业生产经济指标体系中实行相应的改变，就能在进一步从经济上加强集体农庄和国营农场方面，以及为农业的集约化、农场的专业化和改善农场间相互关系而创造更有利的条件方面，起显著的作用。这样的价格能使处于不同自然地带的农业企业的经济条件相等，从而有助于坚决贯彻同工同酬的原则。很明显，进行这样一种试验（哪怕先在少数地区或共和国进行）的时间已经来到了。

科学已经详细地论证了在经济计算中考虑时间因素的必要性。这一因素已经在原则上得到承认，并被反映在已被接受的计算基本建设投资效果的方法中，该方法设想对发生在不同时间的费用进行贴现。虽然如此，这一原则并未在我们的经济实践中得到系统而一贯的执行。有时候，有些能在比标准中规定的要短得多的时间内竣工的先进方案，却多年未见应用。在建筑预算中以及在对施工单位工作的估价中，系统地考虑时间上的差别，将会显著减少分散使用基建投资的现象，缩短施工拖延时间和整个工程完工期限，大大减少被冻结在未完成工程上的财力物力。

还可以举出许多这方面的例子，但即使不把它们一一举出，也能清楚地看到，“冻结”财力物力或者不完全、不一贯地利用经济科学的结论和推荐的方法，会造成国民经济的巨大损失，它意味着丧失了增加社会生产效果的机会。因此，苏共第二十四次代表大会的文件强调指出，经理必须学会按新的方式进行管理，特别是必须学会，如何在利用建立经济—数学模型的方法、系统分析，以及现代计算机技术的基础上进行管理，这绝不是偶然的。

遗憾的是，这一重要指示并没有得到充分执行。经常遇到这样的情况，往往由于实际工作人员不愿意甚至未能认真学习这些方法，这些已经科学地论证了的新方法不能在计划工作中得到恰当的应用。我们不能允许这种情况存在。那些有罪的当事人，由于他们做出的违背现代科学的错误经济决策，以及由于国民经济遭受的损失，必须受到与那些严重违反技术要求的当事人同样严厉的惩罚。正如勃列日涅夫在苏共第二十四次代表大会上的报告中所指出的，我们不仅必须批评那些犯了错误的人，还必须批评那些未能利用发展生产的一切可能性的人，那些未能表现出主动性而消极处世的人。

一种有效的手段

生活中出现的新的复杂问题是不能在老框框的基础上得到解决的，为此，需要研究新的科学方法。这一观点完全适用于党所提出的任务，即保证全面加快技术进步的任务。在这里具有特别重要意义的是，普遍建立一种在经济上有助于技术进步的环境和这样一些条件，在这些条件下，经理能够坚定地依靠对那些已被证明是合理的、用于建立或采用新设备的追加支出的认识，以及受到恰当评价的他们的主动性和努力。与此同时，还必须用全面的观点来考虑与新产品生产有关的各项特别支出（研究工作，掌握生产，采用专门设备，生产的暂时下降等）和新产品将要产生的效果。

采用新设备所得到的效果，绝不局限于一个企业在最初几年所生产产品所体现的物质结果。同样重要而且往往更为重要的是，由于采用了新设备而对技术进步和国家技术潜力所做出的贡献，在同一企业或另一企业中，进一步大规模生产某一特定产品的可能性，以及降低消费者支出的可能性。由于这一原因，计算采用新设备措施的效果的方法，应该按照与确定传统的经济措施效果的方法完全不同的原则建立起来。基于同样的理由，采用新设备措施的拨款来源，不能局限于生产发展基金、信贷，以及其他一些传统的来源。我们认为，采用新设备的措施应该由大的专门的中央集权部门和国家专用基金来拨款，这种基金的规模比现在的新技术基金要庞大得多；同时，不仅在采用新产品的时期，而且在推广新产品最初年代的某些时期，都应如此办理。

此外，这样一种拨款程序还能消除新设备的价格应该较高的概念。通过牺牲消费者利益的办法，用高昂的价格来弥补与采用某种新产品有关的一切支出，这并不是上策。这会导致在采用新设备方面的错误方针，使新设备不能被普遍采用，妨碍它的推广。比较正确的办法是让消费者按一种经济上合理的长期价格为产品埋单，而最初的生产者则从集中的基金得到较高的（结算）价格，从而使新产品的生产成为有利可图。有些经济学家认为，没有正当理由要为新设备建立这种"温室"条件；但是他们的论点不能认为是无可争辩的。很明显，在任何情形下，与建立新设备的工作的拨款有关的问题，与制定新设备的价格有关的问题，以及与确定其效果的科学方法的研究有关的问题，都必须从全面的观点，适当考虑经济科学的原理，特别是利用经济—数学的方法来加以解决。

经济—数学的计划工作方法符合社会主义经济的性质，它们是解决社会主义经济问题的有效手段。当然，尽管在经济—数学方法的研究方面已经取得巨大的进步，但我们仍然远未能满足所有的实际需要。这并没有什么值得奇怪的。例如，物理学和机械学都已广泛利用数学有二百年之久了，然而仍然有许多没有解决的问题。至于在经济学中利用数学方法，它们基本上仍然处于形成和证实阶段。因此，扩大和改善掌握经济—数学方法的干部的培训工作，加深和扩大这方面的研究，与此同时，把研究成果广泛地结合到经济实践中去，用实验性的检验来丰富它们，这些都是必不可少的。

各种经济问题的性质很复杂，不允许用某种死板的方法来加以解决，它要求利用各种不同的方法论的手段。我们不能期望有某种普遍适用的"万能钥匙"，比方说，有一个可以完全解决在控制一个复杂的经济系统时所涉及的一切问题的数学模型。在这里，赶时髦的做法是不允许的。在计划工作中，最优化规划的数学方法不仅必须和其他一些新方法〔诸如目标定向程序(goal-oriented-programs)、模拟法等〕巧妙地结合起来，还必须和经济分析中的传统方法结合使用，在许多情况下，这些传统方法能够更具体和更精确地考虑各不同部门或经济对象的特点。

在经济工作中正确地结合各种不同的方法，使它们互相作用和互相渗透，能最有效地促进社会主义管理中计划机制的改善，最完全地利用经济规律，从而取得共产主义建设中进一步的成就。

3　最优化规划:尚未解决的问题*

三十五年以前,康托罗维奇的著作《组织和计划生产的数学方法》一书出版了(国立列宁格勒大学出版社,1939年),它开辟了一个在组织和计划生产中运用数学方法的新纪元。

期刊编辑部要求康托罗维奇介绍一下这方面以及尚未充分利用数学方法的一些经济领域的现状。

近十年来,经济中的最优化规划方法已经得到深刻的理论阐述,并经历了严格的实践检验。这些方法已在部门的长期计划工作中得到广泛应用,已经有几十个重要部门编制了最优化计划,它们经常带来数以百万计的卢布的节约。

虽然如此,但就目前来说,我们还远没有在经济实践中充分利用这些方法的巨大潜力。这在某种程度上是由于这些方法还是新鲜事物,干部的准备不够,以及其他一些客观因素而造成的。

在国民经济的许多领域中,应用最优化规划的方法具有特别重要的意义。

已经有几十个部门在长期计划工作中应用最优化规划的计

* 原载于《工业生产的经济与组织》,俄文版,1971年,第5期。

算，与此同时，在短期计划工作中应用这些方法的事例却寥寥无几。但是在一个部门或分部门的各个企业之间，利用最优化规划方法来更有效地分配生产方案，能够产生即时和可观的效果。苏联国家物资技术供应委员会和黑色冶金工业部合作的一项关于合理利用管材及板材轧钢机生产能力的方案，就是这一点的证明。在设备利用紧张程度较低的一些部门中，效果还能更大一些。

诚然，在短期计划工作中利用数学方法有它特有的困难：高度的责任制，求出解答的严格的最后期限，不失时机地获取信息，以及修正计划并使部门间互相配合的必要性等。与此同时，完成此项任务除了能带来即时的物质方面的效果外，还能促使最优化规划方法得到改进，提高人们对它的认识，并有助于广大生产管理人员掌握这些方法。

* * *

关于经济指标结构的理论上的结论，具有重大的实践意义。但是，它们还没有受到应有的重视，还没有在计划机构和经济机构中得到适当的运用。关于支付基金占用费和考虑价格中资金密集度的重要原则（这一原则经过激烈辩论后已被包括进 1965 年苏共中央九月全会的决议），在 1967 年的价格改革中只是部分地得到了实现。

一个具体产品的资金密集度通常都是不受重视的，这就会导致不正确的价格关系。

实际上，直到目前为止，我们并没有在价值中系统地考虑地租，而地租对采掘工业和农业来说具有特别重要的意义。最优化规划的方法论为规定价格和地租提供了充分有效而客观的方法。

在这些价格和地租的基础上，农业生产经济指标以及农业企业与政府之间相互关系的改变，都是苏共中央关于农业的著名决议的合乎逻辑的发展。这样就能大大加强农业生产的经济，促使农业进一步集约化和专业化，发展农场之间的关系，使处于不同自然地带的农业企业的经济条件趋于均等，保证同工同酬的原则得以遵行。所有这一切可以根据俄罗斯联邦的一两个共和国或者一两个地区的经验而加以检验。

*　　*　　*

在经济计算中考虑时间因素，具有特别重要的意义。虽然这一原则已经得到一定程度的公认，而且计算基本建设投资效果的方法也设想了对不同时间发生的费用采用贴现的办法，但是，这一原则并没有在经济实践中得到一贯的遵行。例如，具有比标准效果大几倍的效果的潜在基本建设投资，常常拖延多年而未能实现。

在计算建设费用以及对施工单位的工作进行估价时，考虑时间上的差异，将能大大减少在众多的项目上分散投资，延长施工时期，以及使资源冻结在未完成工程上的情况。

*　　*　　*

虽然人们已在某种程度上认识到，有必要在支线定线的方法中，根据增量的（有差别的）支出来计算运输成本，但是这种必要性却丝毫没有反映在铁路的运费中。系统而正确地计算并正确地支付运输服务，将能更有成效地解决与专业化和集中化有关的问题，消除不必要的重复设厂现象，使利用最经济的原料来源，同时大大减少工业的经营费用和基本建设开支成为可能。而这一切又将导致正确解决在发展运输的拨款方面以及确定运输需要量方面的问题。

价格对于城市公共交通系统工作的改进，也具有巨大的影响；《真理报》曾多次指出这一点。

各种零售价格、服务价格的正确关系与差别，有着重大的意义。有时候即使不增加有形开支，只要做到了这一点，居民的生活条件就能得到显著的改善。但是，对零售价格还缺乏认真的研究，在实际工作中采用着折中主义的办法。

*　　*　　*

至于有关技术进步的问题，非常重要的是：要建立一个能从经济上促使技术进步的环境，在这种环境中，经理不回避新技术，他们可以指望依靠实现新技术的措施，使合理的支出得到补偿，同时，这些措施的贯彻将得到积极的评价。为了对这些措施进行正确的经济评价，还必须考虑由于推出新产品而引起的主要的特别支出（研究工作，掌握生产，获得设备，生产的削减），以及这些新产品所造成的效果。

采用新技术所得到的效果，绝不局限于第一个企业最初几年生产的产品所体现的物质成果。同样重要而且往往更为重要的是，由于采用了新技术而对技术进步和国家技术潜力所做出的贡献：在同一企业或另外的企业中，以更大的规模进一步生产同样产品的可能性，掌握新的生产过程，降低费用水平，改进设计，以及往往会发生的其他相似类型产品生产的建立等。因此，确定采用新技术措施的效果的方法，必须按照与计算传统的经济措施效果的方法完全不同的方法建立起来。采用新技术措施的拨款来源，也不能局限于生产发展基金、信贷，以及其他一些传统的来源。它必须由雄厚的、集中设立的部门和国家基金进行拨款，这种基金应比现在的新技术基金充裕得多；同时，不仅在采用新技术的时期，即使在推广新产品最初年代的某些时期，都应能获得这种拨款。

在许多情况下，通过牺牲消费者利益的办法，用高昂的价格来弥补与采用某种新产品有关的一切支出，这并不是上策。这会使新产品不能被普遍采用，妨碍它的推广。比较正确的办法是让消费者按一种经济上合理的长期价格支付产品，而最初的生产者则从新产品得到较高的（结算）价格。这样一来，新产品的生产就将是充分有利可图的。当然，我们也知道这样做是要担风险的。就有这样一些人，他们认为给新技术建立这种"温室"条件是不正确的。但事实上很明显，想用任何别的办法来使新产品能够得到充分普遍的应用，都是不可能的。研究工作和实践都已证实了这一点。

在解决这些问题（对新设备的拨款，新设备价格的形成，确定新设备效果的方法）的过程中，应该考虑它们的特点，这一点非常重要。

*　　*　　*

在过去十年中，一些新的方法——建立数学模型和最优化规划——已经在经济科学中获得了牢固的地位，并大大丰富了经济理论和实践。已经进行的科学研究和已经积累起的经验加强了我们的如下信念：这些方法符合社会主义经济的性质，是社会主义经济所特有的，因而它们是解决社会主义经济所面临问题的特别有效的手段。其他一些社会主义国家的经验也证实了这一点，这些社会主义国家卓有成效地利用了苏联经济科学的成就。党和政府的许多重要文件都指出了这方面工作对国民经济所具有的积极意义。

当前,数学方法正在成为解决最重要的国民经济问题、社会问题及其他问题的工具,这就大大增加了那些从事研究和应用数学方法的人员的责任。

尽管我们已经取得了不少成就,但我们并未能满足所有实际的需要。经济事物是极为复杂的,而认识的过程也许永无止境(值得指出的是,物理学和机械学已经应用数学达二百年之久,但仍然不能回答它们所有的问题)。我们的任务就是加深、扩大并加快这方面的研究,同时,在这一研究最终完成以前,就要把它和实践广泛地结合起来,在它的应用过程中使它完善化。

各种问题的复杂性和多样性,要求用其他新方法来补充这种基本方法。这些新方法有:目标—定向程序(goal-oriented programs)、模拟系统、系统分析,以及专家评价。但是,我们必须避免那种一下子热衷于这种方法,一下子又热衷于那种方法的赶时髦现象。

当在一切经济部门的各级机构中采用新方法时,有很多需加解决的问题,这就要求许多受过专门训练的经济干部参与其中。单靠一些专门发展了这些新方法的机构(中央经济—数学研究所、工业生产经济与组织研究所、世界经济与国际关系研究所、苏联国家计委和俄罗斯联邦国家计委科学研究所),是完成不了这一任务的。必须在一切经济学院培养这种干部,同时,这些方法本身必须为我们的计划机构和经济机构所采用。

一切经济干部都必须接受适当的训练,同时,已决定在经济领域工作的数学干部也要接受训练。

我们应该考虑改变对工程师的经济学教学大纲，因为所有的工程师都需要具备更多的经济学知识。

最后，由于经济科学的课题所具有的复杂性和重要性，需要对一些新的原则和方法进行批判性的分析和公开讨论。已经就部门计划工作中最优化的标准、标准效果等问题，进行了多次批判性的讨论和辩论。还需要对一些复杂的理论问题、各种具体问题和实际方法，进行更多的批判性讨论。在《经济报》上开展这样的讨论，倒是一个好办法。讲到批评的好处时，我指的是对被批评的著作进行仔细的研究，并且其目的是旨在弄清科学真理的实事求是的积极的批评。但也有另外一种批评，这种批评只能妨碍工作，它肯定是有害处的。

拥护最优化规划的人们多次受到责难说，已经得到发展并宣传了好长时间的一些方法，其应用范围仍然非常有限。应该说，之所以这样除了一些基本困难，在组织采用过程中的某些缺点，以及某些经济机构因循守旧的习惯势力以外，对这一研究所做的毫无根据的批评（特别是 Я. 克朗罗德及 A. 卡茨的批评），也起了不小的作用。最优化规划的求值的实际应用以及那些受到最激烈攻击的经济指标的实际应用，尤其受到了妨碍。

现代社会主义生产的巨大规模和深刻的内在联系，使得经济管理的任务特别复杂和重要。同时由于技术进步的速度不断加快，以及考虑各种新的生态学问题、社会问题和政治问题的必要性，经济管理任务还在日益复杂化。但另一方面，在经济科学的发展中已经取得的重大进展及其被新的方法所丰富的事实，也是令人鼓舞且十分重要的。

4 一个最优化规划的动态模型*

社会主义建设的规模以及社会主义建设各种生产关系的复杂程度的急剧增加,刻不容缓地提出了从根本上改进计划工作和经济计算方法的问题。

苏共纲领指出,共产主义社会"达到了有计划地组织整个社会经济的最高阶段,最有效和最合理地利用物质财富和劳动资源,保证社会成员不断增长的需要得到满足"①。

换句话说,在共产主义社会中,将要实行一种关于各种经济活动的最优化规划。因此,建设共产主义社会的问题要求我们即使在现在,也应在我们所有的经济活动中,逐步过渡到最优化规划和最优答案。

正是由于这一原因,近年来,最优化规划的问题已经受到苏联经济学家(特别是那些关心在经济中利用数学方法的经济学家)的注意,如果没有这些经济学家的努力,关于最优化规划问题的任何有效研究都是不可设想的。在这方面,我们不能不提到,计划工作中的最优化问题在涅姆钦诺夫的著作中(特别是在也所著的《经济

* 原载于《计划工作与经济—数学方法》,莫斯科,科学出版社,俄文版,1964年。

① 《苏联共产党纲领》,国家政治出版局,1962年,俄文版,第63页。

数学方法和模型》[①]一书中）占有重要的位置。

在经济中研究最优化问题，需要线性规划、非线性规划和动态规划方面的特殊数学方法，由于苏联和外国科学家研究的结果，一些这样的方法已经创立起来，就目前来说，这些方法已被成功地应用于个别企业和部门的经济问题。

在我们自己的研究[②]中，与这些方法在整个社会主义经济的计划管理方面的广泛利用有关，以及与建立社会主义经济指标有关的一些问题，都已得到了系统的阐述。我们考虑了两个最优化规划的数学模型：一个模拟短期计划工作的静态模型，以及一个模拟长期计划工作的动态模型。不过，应该指出，动态模型应该被看作是基本的模型，而静态模型则比较具体，它是从属于动态模型的。

但是，由于方法论方面的考虑，我们首先考虑的是静态模型，而且讲得比较详尽。这在某种程度上使得读者比较难于抓住总的概念。由于这一原因，动态模型以及与它有关的分析和结论，比较不太为人们所注意。然而这一模型更充分地反映了计划工作的实际任务。动态模型可以有效地被用来进行部门和整个国民经济的计划工作，也可以被用来作为研究扩大的社会主义生产过程中量的规定性的工具之一。

本文的目的是要更清楚地说明动态模型的结构，以及利用这一模型的方法，同时，通过对这一模型的分析而得出某些结论。

---

① B. C. 涅姆钦诺夫：《经济数学方法和模型》，莫斯科，苏联《思想》出版社，1962年。（中译本已由商务印书馆于1980年出版。——译者）

② 康托罗维奇：《最优利用潜力的经济计算》，莫斯科，苏联科学院出版社，1959年。

1. 最优化规划动态模型的说明

我们认为,社会主义经济的经济指标是与合理的生产组织,以及根据科学地制订的最优计划进行的扩大再生产过程,不可分割地联系在一起的。因此,一个经济计划最优化的模型将是我们分析的基础。我们首先考虑一个线性动态模型,但我们也会同时指出使它更精确和更全面的可能途径。

基本组成部分。我们在这一模型中区分出如下组成部分:按大类的形式计算的不同类型的原料、生产和服务(谷物、燃料、装货),它们用各种实物单位(吨、公尺、项目)、各种常规实物单位(常规燃料的当量吨、十五马力的拖拉机、常规饲料单位),或者常规价值形态(不变价格)来表现。与此同时,那些比较不便于运输的生产类型(矿石、燃料、水泥、电力),则使之地区化,通过指数 i 使它们与某一特定的地区联系起来。在所有情况下,每种特定类型的产品都要按照它们被生产的不同时期加以区分。我们假设总的计划时期被划分为一系列时间间隔(年度、季度)$t=1,2,\ldots,T$。这样一来,不同类型的组成部分都可用两个指数 i 和 t 来表明它们的特点,例如 $G_{i,t}$。

劳动的类型。劳动是按照职业和熟练程度,可能还可以根据性别和年龄的特点,以及使用劳动的地区和时期来加以区分。

生产能力是按照类型、部门等,按照使用时的一段时间和利用率,以及按照地点来加以区分的。生产能力指整个企业、生产面积、个别设备、公路等而言。

自然资源。土地、森林、水资源、矿床等按照它们的质量和地点来区分，并用相应的单位来计量。

生产(工艺)方法。各特定类型的产品（或一组产品）的生产方法，是用各不同类型的组成部分的必需的投入和所造成的产出来表明其特点的。同时，应该特别指出，这些生产方法都是在一个时间间隔之内完成的。在这样的情况下，所有的投入和产出要素都是就同一时间间隔而言的。因此，这样的一种方法可以用下面的矢量来表示：

$$a_1^{(s)},\dots,a_n^{(s)},$$

式中，$a_i^{(s)}$ 视其不同的符号而表示相应于第 s 种方法的一个单位应用的组成部分 $G_{i,t}$ 的投入或产出。实际上，各分矢量 $a_i^{(s)}$ 本身决定于

$$t: a_i^{(s)} = a_i^{(s)}(t)。$$

这样就有可能，比方说，通过标准投入的减少来说明技术进步。此外，既定的第 s 种方法，可能只有在一定的 $t \geqslant t_s$ 以后，才能应用。

特别是，这些方法包含着各种运输方式，这些运输方式使各种产品得以带着一定的投入量并通过利用各种不同的运输可能性，从一个地区转移到另一个地区。

有些方法要影响几个时期，在这些时期中，涉及各不同时期的各组成部分同时发生作用。生产资料的生产就是这类方法的典型例子，这时，一种生产能力(一台机器或一个企业)要经历一个或两个时期才被生产出来，而在以后可被利用好几年。

在给定的时期中，贮藏某一产品，是这一类型的又一个方法。

如果把由于生产能力的使用(陈旧过时、磨损等)而造成的它本身的变化考虑在内的话，那么，一种生产方法在一个时期内的应

用，也是这一类型的方法。劳动的教育和训练，及其从一个领域转移到另一领域，也应该看成是这样一种方法。

最后，自然资源的利用也应归入这一类型。

资源。必须说明各项最初的资源的特点。首先，要说明初期可供利用的储备、生产能力、积极开发中的自然资源、可供利用的人力，以及建设中的企业等的特点。其次，应该说清楚在所研究的整个时期中，自然资源的状况及其扩大的可能前景，以及有关自然资源利用的限制和要求。对人力资源则应通过包括人口构成的人口统计资料的人口增长预测，以及通过表明从事生产性工作的人口比重和能够被用于生产领域和非生产领域的劳动力比重的资料，来加以说明。这一工作可以按照农村人口和城市人口分开进行。

消费。必须说明个人和社会消费所需最终产品的构成的特点，它在所考察的整个计划时期的年代中的增长情况，也必须暂时予以描述。（在求解过程中，可以更精确地说明增长率。）应该说明所允许的最终产品构成变动的极限，以及用别的产品来替换特定类型消费品的当量。消费不仅包括消费品本身，还包括那些在社会非生产部门（例如科学、国防）中所需的生产资料和生产能力。对个人消费的分配可以与劳动力被利用的方式无关，要不然，就根据按职业和部门分配消费的办法（例如，对工资水平加以考虑）。

最优化标准。一个计划的最优化可以用不同的方式来加以说明。例如，在资源既定并满足了既定的消费量的前提下，一个计划如果在上年度达到了最大生产率，或者在最短的时期内达到了既定的消费定额和消费构成，或者只用最小的劳动消耗就达到了既定的增长率和消费水平（例如，同时缩短了工作日长度），都可以认为是最优计划。一个计划如果就这些条件中的任何一条来说是最优的，那它就是最优生产计划，也就是说，再也找不到另一个计划能用同样的资源和所造成的等量的生产能力（对于个别生产类型来说，甚至更大的生产能力），在一切时期内提供相等的产量。

现在，我们将上述条件写成数学形式。为了表达上的确切，我们把组成部分分为四类：

G_i（$i=1,2,\ldots,n_1$）为原始资源（生产性劳动资源和自然资源）；

G_i（$i=n_1+1,\ldots,n_2$）为生产要素（劳动的各种类型、生产能力、积极开发了的自然资源）；

G_i（$i=n_2+1,\ldots,n_3$）为中间产品；

G_i（$i=n_3+1,\ldots,n_4$）为最终产品。

设 $x_{i,t}$ 表示第 i 种组成部分在 t 时期内的余额（净和）。于是用下列不等式可求得一切时期内的原始资源：

$$x_{i,t} \geqslant -L_{i,t}(i=1,2,\ldots,n_1;t=1,2,\ldots,T), \qquad (1)$$

式中，$L_{i,t}$ 表示第 i 种资源在 t 时间间隔内的可用性。

在最初时期的生产能力和别的要素则可由下式求得：

$$x_{i,1} \geqslant -L_{i,1}(i=n_1+1,\ldots,n_2)。 \qquad (2)$$

对于生产要素、中间产品和最终产品来说，下面的不等式必须成立：

$$x_{i,t} \geqslant 0(i=n_2+1,\ldots,n_4;t=1,2,\ldots,T)。 \qquad (3)$$

假设每年规定的消费量为

$$C_{i,t}(i=n_3+1,\ldots,n_4;t=1,2,\ldots,T),$$

事实上，这一条件的种种改变，以及在考虑这一条件的方式上的种种改变，都是可能发生的。

生产方法。每种(第 s 种)方法的特点通常可用如下矩阵加以说明：$\| a_{i,t}^{(s)} \|$ $(i=1,2,\ldots,n_4;t=1,2,\ldots,T)$，$(s=1,2,\ldots,S)$。

计划。通过表明各种方法的利用强调 $r_s(s=1,2,\ldots,S)$ 以说明计划的特点。对于各组成部分来说，计划的余额可由以下公式决定：

$$x_{i,t}=\sum_{s=1}^{S} r_s a_{i,t}^{(s)} \text{。}$$

通过采用一个新的、能说明消费过程（一批消费品）特点的组成部分 $G_{n_4+1,t}$，消费就能在生产方法的形式下得到表明：

$(0,\ldots,0,-C_{n_2+1,t},\ldots,-C_{n_4,t},1_t)(t=1,2,\ldots,T)$。

还要加上约束条件 $x_{n_4+1,t}\geqslant 1$， (4)

就是说，上述生产方法的利用强度≥1。

为了说明更为复杂的消费条件，需要一种不同的记号。例如，在消费中，用另几组产品来取代一组产品所需的供应，可通过把获得组成部分 $G_{n_4+1,t}$（它代表一套具有不同花色品种的消费品）的几种方法包括在内而把它表示出来。

最后，最优化条件也能写成不同的形式：例如，使最后一年的最终产品的产量为最大；使最终产品的增长率为最大；使最终产品的增长率为最大，同时要求在最后的计划时期中，生产能力要达到一定的水平；或用最少的劳动消耗（即在最大限度地缩短工作日的条件下）达到既定的最终产品增长率。所有这些条件也可以用一组不等式的形式，并规定一个达到极值的函数而加以说明。

例如，在满足社会和个人需要方面的最大增长率，会导致这样的需要，即在

$$x_{n_4+1,t}\geqslant(1+\alpha)^t(t=1,2,\ldots,T) \qquad (5)$$

的条件下，求出使问题为可解的 α 的最大值，也就是说，在既定的消费基金构成的前提下，要尽可能超过每年最初的生产增长率。相应于终期生产能力的条件可写成如下的不等式：

$$x_{n_1+1,T},\geqslant x^0_{n_1+1}$$

$$\cdots\cdots\cdots$$

$$x_{n_2,T}\geqslant x^0_{n2},$$

式中，x^0_i 为第 i 种类型生产能力在 T 时刻的既定的最低值。

另外一些形式的最优化条件也能够写出来。

在任何情况下，只要具备上述任何一条或者其他可能选出的最优化标准，所形成的计划就将是一个最优生产计划，因为再也找不到一个别的计划能用更少的资源消耗，在期末保证同样的消费品产量和同样的基本生产基金(或者反过来说，用同样的资源消耗保证更多的产量)。单是这一论述就足够我们在下面得出进一步的结论了。

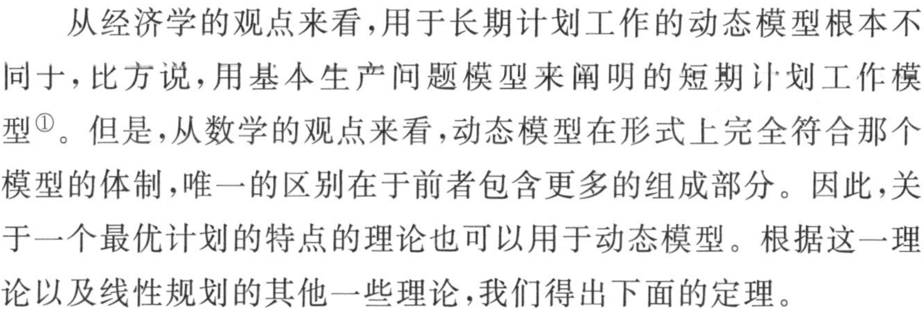

从经济学的观点来看，用于长期计划工作的动态模型根本不同于，比方说，用基本生产问题模型来阐明的短期计划工作模型[①]。但是，从数学的观点来看，动态模型在形式上完全符合那个模型的体制，唯一的区别在于前者包含更多的组成部分。因此，关于一个最优计划的特点的理论也可以用于动态模型。根据这一理论以及线性规划的其他一些理论，我们得出下面的定理。

2. 关于一个最优计划的特征的定理

一个最优生产计划〔特别是一个具备条件(1)—(4)的计划〕的

① 见第43页注②。

特征是:存在着一组在所有时刻符合于所有组成部分的客观规定的动态价格 $\xi_{i,t}$(也就是说,对偶问题的答案),它们应能满足以下条件:

1. 根据这些价格,在计划中采用的一切方法都被证明是合理的(赢利的),即

$$\sum_{i,t} a_{i,t}^{(s)} \xi_{i,t} = 0, \text{如果 } r_s \neq 0;$$

2. 所有可行的工艺方法也同样被证明是合理的,即

$$\sum a_{i,t}^{(s)} \xi_{i,t} \leqslant 0, (s=1,2,\ldots,S);$$

3. $\xi_{i,t} \geqslant 0$;

4. 对于某一特定类型的资源或产出来说,如果在约束条件下出现了任何不等关系,则相应的

$$\xi_{i,t} = 0。$$

如果最优计划是一个生产计划,则存在这样一组价格。反之,存在这样一组价格,就表明计划是一个最优生产计划。更明确地说,如果计划是可行的,约束条件(1)—(4)也得到了满足,同时,存在着一组能满足条件(1)—(4)的价格,则计划就代表最优化规划问题的一个最优解。

长期计划问题在数学上可用一个线性规划系统加以说明这一事实,使得借助于线性规划通常的一般方法,例如逐次改进计划的方法、修正乘数的方法以及单纯形法等来解决长期计划问题成为可能。当然,另一方面,这也是事实,即这种问题中包含大量的组成部分,从而使问题的求解比较复杂。然而,这绝不是一项无法解决的任务,利用电子计算机和现代方法,特别是由于这些问题的矩

阵所具有的特有的性质，有可能把一些特殊的程序应用于这些问题。本文不打算更详细地讨论这一问题，我只想表明这样的信心，即和将现实问题（包括那些长期经济计划工作中将遇到的问题）列成数学公式有关的数学上的困难，必将成功地被克服。

我们可从上面有关长期计划工作的原理得出一条基本的经济方面的结论。一个最优计划的特征是：存在着一组对所有组成部分而言的动态价格，该组价格决定于最优计划本身和形成计划的各种条件（资源、技术、经济发展的方向、最优化标准）。这些价格表示在一个最优计划的条件下，各不同组成部分在它们的效率方面的当量关系。特别是，由于具备了这样的价格，从而为不仅把生产和投入的不同性质，同时也把它们发生的不同时期还原为单一的当量提供了一种手段。这组生产价格的经济意义在于下述事实：它说明了生产这一或那一类型的单位产量所必需的劳动消耗的相互关系的特征。此外，这些价格也指出了有差别的支出，也就是说，随着某种既定生产产量的增加或减少而相应地发生的每单位产量的支出。

如果在此基础上创建一个一般化的指数，例如，投资效果定额，那么，通过利用一组动态的价格，使不同时期的投入还原为单一的当量，就使它的经济面貌变得特别明显。

选定了一些产品和生产要素的某一套标准的花色品种

$$(\bar{\alpha}_1, \cdots, \bar{\alpha}_{n4})$$

以后，我们再来建立一种能使这套产品和要素的价格保持不变的价格尺度。我们从

$$\sum_i \bar{\alpha}_i \xi_{i,t} = \lambda_t \sum_i \bar{\alpha}_i \xi_{i,1}$$

的条件求出乘数 λ_t。

于是，

$$\left(\frac{\lambda_t}{\lambda_{t+1}}-1\right)$$

各量就将说明在每一时期投资效果定额的特点，而比例

$$\frac{\lambda_{t+1}}{\lambda_t}$$

则说明了一定年度的支出和产量与上一年度的支出和产量的关系这一系数。

这时，如果我们采用另一组动态的价格

$$\xi'_{i,t}=\frac{1}{\lambda_t}\xi_{i,t},$$

则这些价格就能符合一个单一的尺度，同时它们的及时改变，将代表某一既定的组成部分与别的组成部分相比价格的一个相对增长额或减少额。必须指出，形成这一计算的基础的产品的分类可能是变化的，而不是固定不变的，而约简过程则是通过所谓连锁法(chain method)进行的。

3. 动态模型的分析

把动态模型与短期计划工作的静态模型进行比较时，我们不能不注意前者胜过后者的许多特点和优点，这些特点和优点使得动态模型看起来武断性要少得多。

静态模型的一个重大缺点在于：在短期计划工作中，可以得到的生产设备的利用，在很大程度上预先决定了生产的工艺和组织，

并且严重地限制了采用其他不同的生产过程的可能性。这样就大大降低了利用线性规划的可能性及其效果。但在动态模型中，由于把必要的生产能力的建立也包括在内，因而就消除了这些困难；在分析时，我们可以把现代工艺所提供的发展生产的一切现实可行的方案都加以考虑。

在短期计划工作模型中，由于需要简要地说明全部最终产品(不仅包括消费品，也包括生产资料)的产量目标，因而造成了很大的武断性。这样一种规格说明书一方面大大限制了生产计划的变动；另一方面，它是确定生产资料生产的目标时会遇到巨大困难的根源，因为只有在考虑到今后的生产发展计划的情况下，才能现实地确定这一目标。但事实上，正是由于这一目标的正确选定，才在很大程度上保证了最优计划优点的实现。在动态模型中，只要求消费品的目标(而且是在非常一般的形式下)，而生产资料生产方案的选定，则是在计划本身的编制过程中进行的。

最后，由于有关短期计划工作模型的一些条件的存在，因而有可能在一组价格及其变动中造成巨大的不稳定性，这是由于一些偶然的情况和零价值，以及通常是一组价格偏离它们的天然稳定价格过大而造成的。这些缺点在动态模型中大大地减少了。一般地说，某种产品如果生产过多，它不会具有零价值，因为在考虑动态原则的情况下，人们可以通过“贮藏法”将一定的产品用于随后的时期。

在最优动态计划中，通常可以完全消除比例失调现象，或者使这种现象减少。

与此同时，由于未能预见到的技术进步或新出现的需要，因而在一组价格(包括生产资料的价格)中出现客观上合理的比例失调的这种情况,应该认为是一个有利条件。在这方面,我们不能同意诺沃齐洛夫的意见。[①]

必须指出,上述短期计划工作模型的缺点,只是在我们把它作为一个独立的模型来对待时才会发生。如果我们把短期计划工作模型看作是动态计划的一个组成部分(就像它应该成为的那样),它对应于一个单一时期,并且在资源和目标方面与该动态计划互相协调,那么,短期计划工作模型也不会有这些缺点。

关于消费规范的表现形式问题,是我们应该注意的另一个方面。为社会需要,特别是为个人需要服务的那部分生产的组成及其合理的比例,在很大程度上取决于一些非经济因素。但是,如果我们假设仅仅按大类的形式(或者采用前面所说的其他确定它的形式)已经选定了这一组成,这样做也并不影响问题的实质。即使这一组成并不是按最好的方式选定的,也可以在将来使它更为明确并得到改进,这样一个修正了的组成,用大致是同样的生产能力也能生产出来。无论如何,这种修正不会改变第一部类主要部门发展计划的答案的基本组成部分。

我们已经认可了的最优化标准的形式,也是值得探讨的,并且值得具体而明确地加以探讨,因为对一个计划的质量的评价,在某种程度上决定于对下一时期中经济增长潜力的评价。使得选定的标准更为明确的方法之一是:根据求解和随后对计划进行重新计

① B. B. 诺沃齐洛夫:“关于计划的价格形成原则的讨论”,刊于《数学在经济学中的应用》专集,俄文版,第 1 集,列宁格勒大学出版社,1962 年,第 48—49 页。

算的结果，按归纳的办法对最优化标准重新列式。例如，评价一个计划时，对计划期末生产能力的评价是非常重要的。但要更恰当地表示生产能力，我们就既不能采用实物指标，也不能采用传统的基于不变价格的价值指标，而只能是由最优计划本身以及在计划的计算中所得到的一组动态的生产价格和效果定额的值所共同决定的对生产能力的评价。

应该附带说明，选择这个或那个合理的最优化标准的问题，并不具有那种决定性的意义。当然，标准的选择对整个计划确实有巨大的影响，但它对计划在开始几年的答案和指标（这些对我们来说是特别重要的）的影响，却并不十分显著。不过人们如果考虑到计划工作中连续性的原则，就不难料到，长期计划中涉及最后几个时期的那些部分，将会根据新的数据和新的目标，不断地被修正。

上面提到的两个问题，和所谓关于消费和积累间最优关系的问题密切相关。关于这个问题，除了经济问题以外，一些非经济问题（政治形势、社会因素等）也具有重要的意义。换句话说，即使利用数学—经济方法，也不可能单单根据纯经济的考虑，哪怕是原则性地，把这一关系最终地确定下来。虽然如此，但在制订最优计划的过程中，人们可以给这一关系确定一些相当狭窄的界限。一方面，它的上限决定于能够达到的可行的消费增长率。另一方面，它的下限则是某一最低的必要的消费水平。最后，人们还可以根据劳动生产率对实际工资的依赖关系来确定消费的界限。

然而，对这一关系来说，仍然存在着某些尚待确定的地方。在选定这一关系时，人们可以利用根据有关这一关系的几个不同方案进行的最优计划的计算，再从全部经济指标的观点并同时考虑到一些非经济因素，把通过这些方案所达到的结果加以比较。

下面我们再来研究一下在动态模型中存在着线性这一假设的作用，这一假设合理到什么程度，它的意义如何，废除这一假设是否可能，以及把非线性也考虑进去的效果。

首先，必须指出，关于线性的假设，比它第一眼给人造成的看法要合理得多。诚然，在个别企业内，可能存在着单位生产的投入对产出水平的相当明显的依赖关系，也就是说，存在着非线性依赖关系。但是，在整个经济的范围内，从长期计划的前后关系来看，当企业的正常规模（接近最优规模）已被确定时，产量的增加通常都会造成企业数量的相应增加；在这样的情况下，比例性（特别是对大量生产的过程来说）被相当准确地保持下来了。还应指出，尽管模型具备了线性的性质，但它仍能有效地反映几个非线性关系。例如，由于使用了效率较低的资源而造成的支出不按比例增加〔凸非线性（a convex nonlinearity）〕，可以通过使用几种生产方法（它们的使用量不同），而不是仅仅使用一种生产方法来加以描述。产量水平对增长率的非线性依赖关系，可以通过对几种为许多年制订的生产方法的连锁使用（chain utilization）加以表示。

但是，也会遇到这样的情况，这时，非线性是基本组成部分，而且还具有非凸性（*a nonconvex character*）。当一种产品被很少几个企业（一个或两个企业）生产时，随着产量的增加，单位产量所需投资和经营费用都会大大减少（例如，机器或工具的系列生产，在一定的领域中的铁路装运等），就更具有上述性质。在这样的情况下，必须用非线性规划和整数规划（有时候是动态规划）的方法，例如，通过经常为上述模型中的某些方法的利用强度选择整数值，来丰富线性规划方案和计算技术。

但是，即使把这种情况考虑在内，关于存在着一组最优计划的动态价格的根本性经济结论，仍然基本上有效。如果我们设想已经编制好一个最优计划（适当地考虑了非线性），那么，计划的一切可能的微小变化，就可以看作是对具有不同利用强度的几种线性的工艺方法的一次应用。对于某些方案来说，利用强度可能只是正数，或者只是负数，例如，采用某种既定的方法，能够造成某种产品的产量减少，而不是增加，或者只有在具备了另外一些投入后，才能使产量增加。因此，如果我们拿这样一个最优计划作为基础，它的一切可能的微小变化，都可以用一个线性规划问题来加以说明；由于计划对这些变化来说是最优的，一组包括所有组成部分的动态价格将与计划发生联系，因而作为最优计划特征的几个根本性前提（1）—（4）将保持下来，唯一的区别在于，它们只是在以下的情况下方能有效，即那些工艺方法的利用强度都不是过高。在这样的条件下，一组价格的经济意义在于，它们说明了生产单位相应组成部分的支出，或者利用单位相应组成部分的效果。

应该指出，除了使最优计划的确定变得复杂以外，非线性要求和整数要求还将反映在一组价格，以及与价格形成有关的相应结论之中。可以看出，对于这种类型的各产出来说，价格必须建立在有差别的支出，而不是建立在为进行它们的生产所需要的总支出之上。这样一来，我们就适当地考虑了进行基建投资和经营运转的支出，因而这些产出的生产，没有必要必须保证在成本计算上的赢利性（也就是说，并不总是满足有关最优计划诸特点的定理）。换句话说，存在着这样的情况，即经济核算的要求无须在动态计划工作中加以考虑。实际上,如果把它对经济的全部意义都考虑在内的话,像这样的生产类型的组织最终仍然是有利可图的。例如,根据有差别的支出规定的低铁路运费,不能达到能保证建设一定的铁路所耗费用的标准效果的盈利水平。但是,如果把利用该铁路的各生产部门的支出的减少都考虑在内,也就是说,如果考虑到整个经济领域的效果的话,那么,它在会计项目中的盈利仍然是可以达到的。基于同一原因,不论是在短期计划中,还是在基本建设投资效果的分析中,这类产品的价格也都必须有差别地进行计算。

考虑到问题所具有的随机性,我们还能引申出一些明确的结论。

不同方法的标准支出,特别是在预测未来年代的情况下,资源的数据(尤其是自然资源的数据),以及算得的未来年代的需求,实际上都是随机值,它们只是在一定的概率下可能出现。由于这一原因,制订最优计划的问题,也必须作为一个随机规划中的问题来看待。除了使求解过程复杂化以外,这种情况还在质的意义上,影响着对决策效果和价格形成的评价。因为这一情况的存在,比起一些专业化部门来,我们应该给予那些关键部门和通用性产品一定的优先考虑,因为在专业化部门中,数据的不确定性和对需求的依赖性更大。这种优先考虑表现在允许关键部门和通用性产品的投资效果可以略低于专业化部门的投资效果。当存在着几个大体上等效的解答时,混合的战略比较可取,也就是说把几种不同的生产方法结合起来。由于这一原因,研究如何列出动态模型随机公式的问题,具有现实的意义。

最后,把模型扩大到劳动的利用方面,这样就提供了一个必不可少的要素。这一工作可以在线性模型的结构内予以实现。

在上述模型中，我们考虑了按照类型和职业的分工，同时也按相应的方式考虑了劳动的资源。但消费的大小没有和劳动利用的特定方向及形式联系起来。换句话说，消费是独立于劳动利用的性质而加以考虑的，同时，假定分配的问题——工资和零售价格——是分开来解决的。然而实际上，由于各部门的工作条件、企业的远近以及工资制度（计时工资、计件工资、采用先进定额等）的差异，同一种类的劳动在不同的情况下，会以不同的强度得到利用。其次，在某些情况下，在劳动生产率和劳动报酬的形式及水平之间，存在着一种相互的联系。因此，这些相应的变化应该引入模型之中。除了劳动的有形投入以外（它与相应的生产方法有关，用人·日表示，并决定着所需人力的量），模型还必须包括工资的支付，例如，可以采用偏离平均值的偏差数的形式。根据这一点，约束必须仅仅包括不同类型的工人人数。同时，消费品总量应该在比较一般的形式上和工资发生联系，它不考虑消费基金的构成，或者分为几个收入集团，在消费模式的构成上加以相应的调整。至于为工人提供保险的那部分社会消费基金，它主要应该和工人人数及就业地点发生联系，而只是在较小的程度上和工资发生联系。但是，要达到能把这些情况都考虑在内的关于最优化生产模型的更为精确的描述，需要对劳动生产率和实际工资之间的相互依存关系进行深刻的研究，这似乎是一个极为困难的问题。因此，暂时用一种简化的方法在模型中表示这些要素，看来还是合理的。

准备用来偿付受雇于生产者的工资费用的消费基金的最初水平，是根据工资和零售价格（包括流通税）的某种平均水平，同时也

考虑到需求的动态而算得的。因此，实际工资各组成部分的一定的组合，将对应于货币工资的一定水平。在叙述各种生产方法时，除了各种特定类型的工人的人数以外，还必须指出对应于某种既定的劳动组织和工资制度(以及所导致的劳动生产率)的工资水平。这样也就决定了与利用某种既定的生产方法相联系的消费基金部分。由此可见，那种根据臆断求得的消费基金，现在被在求解最优计划过程中所决定的消费量代替了。因此，除了所需种类的人力数量 $a_i^{(s)}$ 以外，生产方法矢量还必须包含人力报酬的范畴 $v_i^{(s)}$，也就是说，对每种方法来说，它的投入必须包括相应的一套具有不同花色品种的消费品 $G_{n_4}+v_i^{(s)}$ 的投入，其数量为

$$a_{n_4}^{(s)}+v_i^{(s)}=a_i^{(s)},$$

在这里，我们有一个假设条件，即一套具有不同花色品种的消费品是根据既定工资范畴的一个工人而算得的。

4. 应用动态模型的先决条件

当考虑我们所提出的模型时，人们很自然地会注意到，它具有一定程度的复杂性，这无论是从它使用的数学工具的观点来看，还是从把它应用于经济的观点，也即从获得为了这一目的所需要的标准数据及统计数据的观点来看，都是如此。特别是人们可能注意到，和别的模型(例如诺伊曼模型、里昂惕夫动态模型、兰格模型)相比它所具有的复杂性。

在我们看来，尽管我们的模型的确具有一定的复杂性，但它却是完全可以采用的，这是一方面。另一方面，这种复杂性是和当前

社会主义生产的实际特点相联系的,因而从原则上说,如果我们希望模型能够充分正确地反映实际经济的话,就不能够消除这种复杂性。特别是这一模型的基本特点是:它能反映当前社会主义生产的各种特点,例如最优化,技术的多样化和产品的可替换性,作为价值的唯一源泉的劳动的特殊作用,可耗尽的基本生产要素的存在,时滞现象的存在,技术不断进步等。

诺伊曼的模型虽然在一定程度上考虑了前两个特点,但没有考虑其他的特点,而且它把经济的发展看成是规模的等速扩大,每年重复发生的循环。这一模型的一个特别不能允许的特点是:忽略了劳动是一个完全特殊的、基本的生产要素(里昂惕夫和施瓦茨的动态模型也是这样)。在这些模型中,劳动被完全"排除在外",同时,假定劳动可以按任何需要量得到并加以利用。换句话说,人口的实际增长率被忽视了,而且假定了劳动的后备(失业)的存在,这根本不符合建设社会主义经济的原则。由于这一原因,企图根据诺伊曼模型来确定社会主义经济中的基建投资定额(哪怕只是粗略的估算),是完全行不通的。

诚然,从本质上说,投资效果定额决定于对基建投资的需要。在诺伊曼模型和里昂惕夫模型中是考虑了这一需要的,但只联系生产规模的扩大来加以考虑。然而实际上,这一需要还和另外两个因素有关。和上述两个模型相反,我们的模型考虑了这两个有关因素。更确切地说,基建投资应该用来建立与技术进步及各种新需要有关的新的固定基金,也要用在因设备陈旧过时而以新基金替换老基金的方面。此外,基建投资还要用于提高劳动生产率,以便使劳动解脱出来而得以用于其他新部门。

在建立一个经济发展的数学模型时，使它尽可能符合现实情况，这一点是很重要的。模型的运用是一个专门问题。在这方面，能否根据统计数据和定额数据，实际取得必要的参数，至关重要，有时候甚至要不惜以有意识地牺牲模型的精确性来作为代价。

我们简单地来研究一下应用动态经济模型的一种可能的方法。

这种方法就是建立最初数据的统计方法，这是一种类似于建立一个各行业间关系矩阵的方法。不过在我们的情况中，它包含如下基本不同点。

首先，每一部门必须分为几类企业，这些企业或者所采用的工艺不同（如果存在着几种本质上不同的工艺），或者在它们的技术水平上有显著差异（现代化企业和陈旧企业）。必须建立一个把每类企业与其他部门联系起来的费用结构。

必须确定各类企业的潜在能力，必须规定自然条件所强加在各类企业的发展速度上的约束，或者必须限制它们在可耗尽的自然资源方面的支出。必须计算各既定类型生产能力的建造成本。最简便的方法是：通过评定固定资金和流动资金的实际价值，适当考虑应摊入的建筑安装费用，以确定它们的实际资金密集程度，然后在此基础上计算支出。还必须知道平均建造时间。

需要计算每类企业的运输费用（材料和成品），同时，按每类企业进行有关技术进步（特别是关于生产和建造方面的标准支出）的预测。

最后，还必须得到人口中能够工作的那部分人的份额，以及有关最终消费的数据。

在这样的条件下，一个动态模型就可以初步建立起来了。例如，我们如果假设有 80 个部门，企业将分为 200—300 到三百类，这将基本上决定模型中组成部分的类型的数目。如果借助于电子计算机，把具有这样规模的一个模型用来预测 10—15 年时期中的情况，看来完全是可行的。通过计算，可以得到一个发展经济的最优规划及其某些指标的很粗糙的近似值。进一步完善模型需要考虑在建设中的企业，并且在考虑到自然资源和现有企业的分布的情况下，对大多数部门进行地区核算。这样，我们就得到了个别部门和地区的更为精确的模型，然后，我们把它们结合到整个经济的模型中去。最后，根据整个经济的指标而建立的最粗糙的两种产品或三种产品的最优化动态模型，在某种程度上也可用来计算出某些整个经济的指标的近似值。

5. 几点结论

尽管对经济的最优化动态模型的计算还没有实现，而且很明显，在最近的将来也不会实现，但理论上的分析已有可能得出许多具有重大实际意义的结论，强调这一点是很重要的。

1. 发展经济和个别部门的长期计划，必须根据最优化规划模型来制订。

这种类型的计算：一方面考虑了经济及其资源的现状，以及现代技术的成就和潜力；另一方面，它使更高的发展速度和技术进步成果得到更快的采用成为可能；同时，也有可能制定一种比现时广泛采用的根据已达到的水平编制计划的方法更为灵活和有效的技术政策。

2.除了最优长期计划以外，应该确定受最优计划制约的一组价格的动态，它反映了生产中全部社会必要支出的动态，也就是说，应该确定将要作为具体计划工作和工艺决定以及制定技术政策的根据的一组价格的动态。

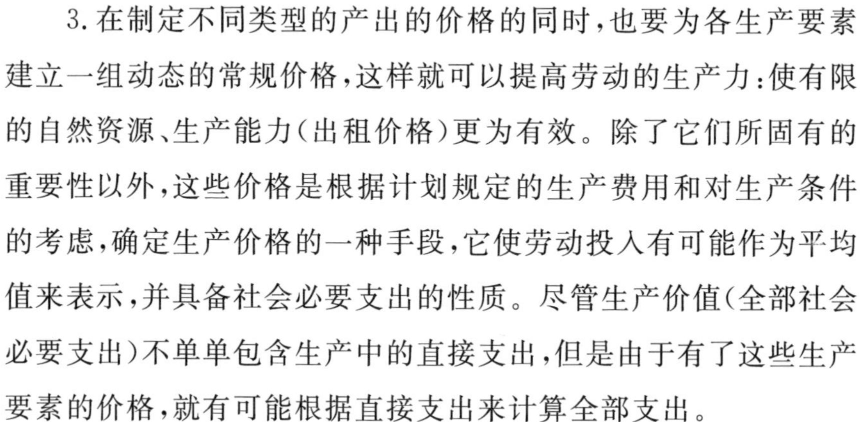

3.在制定不同类型的产出的价格的同时，也要为各生产要素建立一组动态的常规价格，这样就可以提高劳动的生产力:使有限的自然资源、生产能力(出租价格)更为有效。除了它们所固有的重要性以外，这些价格是根据计划规定的生产费用和对生产条件的考虑，确定生产价格的一种手段，它使劳动投入有可能作为平均值来表示，并具备社会必要支出的性质。尽管生产价值(全部社会必要支出)不单单包含生产中的直接支出，但是由于有了这些生产要素的价格，就有可能根据直接支出来计算全部支出。

4.除了别的因素以外，一组动态的价格还取决于对产品的需要与生产它们的可能性之间的客观关系。在制订最优计划过程中算得的各产品的一组计划价格，使得我们有可能在适当考虑由于需求改变和技术进步等而在供求关系中引起的不可避免的变化的前提下，更灵活和更有效地调节产品的合理分配。它使我们有可能比资本主义经济中价格形成的自发机制更有效地做到这一点。

这种情况特别表明了在实践中采用一组视地点、时间甚至季节等而变化的更为灵活和能动的计划和计算价格的合理性，它使有可能做到更有效地利用原料和其他材料，以及进行成品的分配。

5.在经济计算、税收制度以及产出的价格中考虑租金和设备的出租价格，给为了社会的利益而最有效和最集约地利用自然资源和固定资产，提供了重要手段。

6. 在计算最优长期计划的过程中，要确定一个基建投资的效果定额，它是把发生在不同时期的支出和收益换算成共同的标准，以及计算投资效果的基础。这一定额是根据用于积累的资金的数量、基建投资的需要，特别是技术进步的速度和已经达到的技术水平等决定的。在目前苏联的情况下，效果定额必须相当高，它显然不能低于25％—30％。

不仅在编制新的技术规划时，而且在经济计算中，都必须考虑这样决定下来的效果定额，以便确定生产成本和建造成本。这样将能刺激快速施工法的采用，以及按照规划适时地集中使用资金。应用效果定额也有利于加速施工单位流动资金的周转，从而防止过多地积聚备料。

7. 在最优计划的计算中，不同种类的劳动资源也具有一组受到制约的价格。在这一点上，为了刺激节约和正确利用劳动资源，在某些情况下，最好采取这样的办法，即由企业为利用某些类型的劳动在工资以外支付特殊的费用。这种做法加上在计划基建投资时对可供利用的劳动资源的考虑，将有助于最充分和最有效地利用劳动资源。

8. 把设备的出租价格引进经济核算中（通过把企业的相应的支付包括进去，以及考虑这些支付在生产成本和产品价格中的份额），将有助于更正确地利用和评价用贵重设备生产出来的产品。

与此同时，在这些条件下采用利润率作为评价企业工作质量的主要指标，将能刺激最充分地利用设备，刺激企业在增加它们的产量计划和增加对它们的订货量方面的兴趣，同时，还将刺激它们实行合理的专业化和协作化。

9. 按照地租的多少而将这部分支付引进经济核算，对于农业企业有着特别重要的意义，因为地租是根据农业生产分布最优计划而客观地计算出来的。在考虑处于不同地带的农业企业的不同工作条件和不同劳动报酬的同时，将这样一些支付引进经济核算，将能刺激农业生产的合理分布和专业化，更为集约的农业生产的形式，以及每公顷农田上更高的植物性产品和动物性产品的产量。

5　分析一个单一产品经济模型时出现的某些函数关系*

分析经济现象时，数学模型的分析能够提供巨大的帮助，它使我们得以在简化了的假设条件下研究某些现象。下面我们介绍几个简化了的数学模型，它们描述了在一个最优计划下，在一个单一产品动态模型中，固定资产和生产的增长过程。

1. 假定 $T(t)$ 为 t 时刻的劳动供应（一给定的函数）。$R(t)$ 为 t 时刻的固定资产。而技术函数 $U(R,T)$ 则说明生产可能性的集，它表明劳动 T 利用固定资产 R 在单位时间内所生产的净产品的数量。

我们来看看函数 $U(R,T)$ 的结构。可以满有理由地假设该函数为一齐次函数；根据这一假设，我们可将函数 U 写成如下形式：

$$U(R,T)=\int_0^n R^{\alpha}T^{n-\alpha}\mathrm{d}p(\alpha),\qquad(1)$$

式中，n 为齐次次数，$p(\alpha)$ 为权数。因此，可以把整个生产看成是包含了许多个其每单位产品的劳动—资金投入比各不相同的单个“生产单元”的组合；在对应于参数 α 的生产单元中，生产等于

* 作者为康托罗维奇和 Л. И. 哥里柯夫，见《苏联科学院学报》，1959 年，第 129 卷，第 4 期。

$R^{\alpha}T^{n-\alpha}$。下面我们将做出 $n=1$ 这样一个合情合理的假设。

这样一来，如果在 t 时刻，我们具有劳动供应 $T(t)$ 和固定资产 $R(t)$，那么我们在单位时间中可生产 $U[R(t),T(t)]$ 单位的产品。这意味着，函数 U 给出了各最优过程；如果我们假定有可能利用各过程的线性组合，则需要曲线 $U(R,T)$ 的凸性等于常数；由此也就必然引申出，(1)式中的函数 $p(\alpha)$ 为非递减函数。

所生产的产量的一部分用于消费，其余用于积累。在这方面，我们具有两个假设：

第一，消费与劳动供应 αT 成比例，因而说明固定资产变化的公式可以写成如下形式，

$$\frac{\mathrm{d}R}{\mathrm{d}t}=U[R(t),T(t)]-\alpha T(t)。\qquad (2)$$

第二，产出的某一部分(1—γ)被消费掉了，其余部分用于积累——加入固定资产。这时，我们可有

$$\frac{\mathrm{d}R}{\mathrm{d}t}=\gamma U[R(t),T(t)]。\qquad (3)$$

方程式(2)和(3)得以成立，在很大程度上依赖于下述假设：生产基金能够即时地从一种形式转化为另一种形式，即转化为这样的一种形式，它在某一时刻的生产基金与劳动的现有比值下，是最优的形式。

2. 我们现在舍弃生产基金能够即时地从一种结构转化为另一结构的假设，从而使模型更为复杂化。我们假定生产投资的使用年限为 α 年，在此期间，它被全部磨损。

我们引进函数 $r(t,\tau)$，它表明固定资产在其使用年限中 t 时刻的分布情况。例如，$r(t,\tau)\mathrm{d}\tau$ 规定了具有使用年限为 τ 和 $\tau+\mathrm{d}\tau$

之间的名义固定资产（即最初购置时的费用）在 t 时刻的情况。而 $m(t,\tau)$则表明与这一生产基金有关的劳动力。假定在$(t,t+\mathrm{d}t)$时期中的投资将为 $r(t,0)\mathrm{d}t$。这一投资来自产出中用于积累的部分和折旧费。

依据使用年限为 τ 的固定资产在 t 时刻的实际量（扣除折旧以后），固定资产 $r(t,\tau)\mathrm{d}\tau$ 所生产的产出可以写成

$$U\left[\frac{1}{2}r(t,\tau),m(t,\tau)\right]\mathrm{d}\tau\mathrm{d}t.$$

对此，我们还必须加上折旧费，它等于$\frac{1}{\alpha}r(t,\tau)$，折旧费也是可以用来建立新的固定资产的。（顺便说明，还可以做出别的一些有关折旧的性质和提取了折旧以后的固定资产生产率的假设。）

将所有各时期"加在一起"并消去 dt，我们得到

$$r(t,0)=\gamma\int_0^\alpha U\left[\frac{1}{2}r(t,\tau),m(t,\tau)\right]\mathrm{d}T+\int_0^\alpha\frac{r(t,\tau)}{\alpha}\mathrm{d}\tau,\quad(4)$$

式中，γ 为产出中用于积累的份额（这一方程对应丁第一部分中的第二个假设）。

在 t 时刻的全部实际固定资产 $R(t)$可由下式求得：

$$R(t)=\int_0^\alpha\frac{\alpha-\tau}{\alpha}r(t,\tau)\mathrm{d}\tau。\quad(5)$$

在 t 时刻的全部劳动供应也必须等于

$$\int_0^\alpha m(t,\tau)\mathrm{d}\tau=T(t)。$$

从函数 $r(t,\tau)$的经济意义出发，我们可以假设下述条件有效：

$$r(t,\tau+\triangle\tau)=r(t-\triangle\tau,\tau),$$

或者写成微分的形式

$$\frac{\partial r}{\partial t}+\frac{\partial r}{\partial \tau}=0; \tag{6}$$

按照同样理由,可得

$$\frac{\partial m}{\partial t}+\frac{\partial m}{\partial \tau}=0。 \tag{7}$$

从(6)式可得 $r(t,\tau)=r(t-\tau)$(我们保留了原先的记号),从(7)式可得 $m(t,\tau)=m(t-\tau)$。因此,(4)式和(5)式可以改写成下述形式:

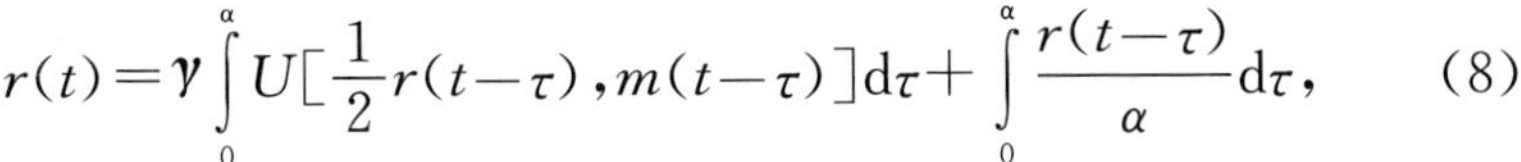

$$r(t)=\gamma\int_0^{\alpha}U\left[\frac{1}{2}r(t-\tau),m(t-\tau)\right]\mathrm{d}\tau+\int_0^{\alpha}\frac{r(t-\tau)}{\alpha}\mathrm{d}\tau, \tag{8}$$

$$R(t)=\int_0^{\alpha}\frac{\alpha-\tau}{\alpha}r(t-\tau)\mathrm{d}\tau。 \tag{9}$$

对(9)式微分并把它代入(8)式,我们得到

$$\frac{\mathrm{d}R}{\mathrm{d}t}=\gamma\int_0^{\alpha}U\left[\frac{1}{2}r(t-\tau),m(t-\tau)\right]\mathrm{d}\tau.$$

3. 现在我们来考虑一个略为不同的计划。为此,需要引进以下设想。如果每单位的劳动需要 u 单位的固定资产,则固定资产具有一种结构 u,$u=\frac{R}{T}$(换句话说,结构决定了生产基金的有机构成)。

假设对固定资产来说,劳动的分布范围为 $\lambda(u)$,因而随着固定资产的结构从 u 到 $u+\mathrm{d}u$,劳动的规模将为 $\lambda(u)\mathrm{d}u$;于是

$$r(u)\mathrm{d}u=u\lambda(u)\mathrm{d}u \tag{10}$$

给出了具有既定结构的固定资产。假定固定资产的使用年限是无

限的——它不会磨损(而且也不会转化。)

我们现在将写出描述下述过程的方程。新生产的产品在去掉用于消费的部分后,将用于新的固定资产,它能做到使生产基金的有机构成有所提高;用于新固定资产的劳动,是从具有最低有机构成的生产基金中解脱出一定数量的工人而来。一般地说,这样解脱出来的生产基金将在未来得到利用。

在任何时刻的工人人数可用一个既定函数来表示,即

$$\int_{m(t)}^{M(t)} \lambda(u)\,\mathrm{d}u = T(t), \tag{11}$$

式中,$M(t)$和$m(t)$规定了结构u在t时刻的变化范围。既然只能通过新生产的产出才能使有机构成有所提高(老的生产基金是不能做到这一点的),因而

$$r(M)\,\mathrm{d}M = \gamma \int_{m(t)}^{M(t)} U[r(u),\lambda(u)]\,\mathrm{d}u\ \mathrm{d}t, \tag{12}$$

式中,γ是产出中用于积累的份额。

具有最低有机构成的劳动力每单位劳动的生产率为

$$\frac{U[r(m),\lambda(m)]}{\lambda(m)}。 \tag{13}$$

每一增加的使用新建固定资产的劳动单位的效果为

$$\frac{\partial U}{\partial T}, \tag{14}$$

在这里,我们必须以$r(M)\mathrm{d}M$作为第一自变量,并以$\lambda(M)\mathrm{d}M$作为第二自变量。由于齐次性之故,函数(14)仅仅与这些自变量的比值有关,也即与M有关。

很明显,下述等式必须成立:

$$\frac{U[r(m),\lambda(m)]}{\lambda(m)}=\frac{\partial U}{\partial T}。\tag{15}$$

由于 U 的齐次性，这一方程具有代数的性质。如果我们令 $U(R,T)=R^{\alpha}T^{1-\alpha}$，方程(15)将具有以下形式：

$$m=\beta M,\tag{16}$$

式中，$\beta=(1-\alpha)^{1/\alpha}$。

这样一来，为求解函数 $\lambda(u)$ 和函数 $M(t)$ 的一组方程最后成为

$$\begin{aligned}&\int_{\beta M(t)}^{M(t)}\lambda(u)\,\mathrm{d}u=T(t),\\&M\lambda(M)\frac{\mathrm{d}M}{\mathrm{d}t}=\gamma\int_{\gamma M(t)}^{M(t)}u^{\alpha}\lambda_{(u)}\,\mathrm{d}u。\end{aligned}\tag{17}$$

如果 $\lambda(u)$ 成为负值，则方程组(17)失效。

4. 上述一切微分方程和积分—微分方程使我们能够进行分段的数值积分。在每一情况下，我们能找出模型的不同的经济指标：对劳动的评价 $\partial U/\partial T$、标准投资效果 $\partial U/\partial R$、固定资产的增长曲线 $R(t)$，以及劳动生产率 U/T。通过对这些变数进行比较，我们就能研究不同要素(模型的参数)和假设对各变数的影响。

特别是，我们可以把技术进步的假设引进模型，并研究它对经济变数的影响。要做到这一点，在第一种情况下，只需用一个函数，比方说 $e^{\delta t}U(R,T)$ 来替换函数 $U(R,T)$，而在另两种情况下，则只需用相应的改变了的表现式来替换函数 $U(R,T)$ 就足够了。

将模型与现实经济系统的数据进行比较，将使我们能够根据这样一个经济系统中的其他变数，得出有关某些变数的近似结论。各种不同的经济计算方法的正确性与精确程度，可以通过这一模型加以验证。

6　一个生产基金可以即时转化的单一产品动态模型*

1. 问题。我们现在研究一个生产单一产品的经济系统，其中一部分产品用于消费，一部分产品用于增加固定资产和流动基金。令 $T(t)$为 t 时刻可以得到的劳动供应（我们假定这一函数已经给定），$K(t)$为 t 时刻的固定资产（一未知函数）。函数 $U(K,T)$说明可能的生产过程，它表示劳动 T 利用固定资产 K 在单位时间所生产的净产出。函数 $U(K,T)$是一个齐次一次正函数：

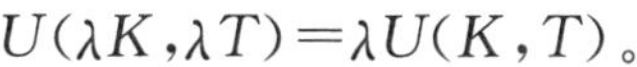

$$U(\lambda K,\lambda T)=\lambda U(K,T)。$$

因此，如果我们在 t 时刻具有劳动供应 $T(t)$和固定资产 $K(t)$，我们就能在每单位时间生产 $P(t)=U[K(t),T(t)]$单位产品（国民收入）。必须使函数 $U(K,T)$建立在各最优过程的基础之上。为使可加性和利用凸形线性组合的可能性的假设得以成立，需要使函数 $U(x,1)(0\leqslant x\leqslant\infty)$的凹面向下（一个必要而充分的条件）。关于消费的问题，我们假定消费函数 $V(t)$已经给定，而且它的大小可以通过该经济系统的诸参数予以确定，例如，$V(t)=V[t,T(t),K(t),P(t)]$。在这方面，通常有两个假设条件：

---

* 作者为康托罗维奇和 И. Г. 格洛本柯，见《苏联科学院学报》，1967 年，第 174 卷，第 3 期。

a. 消费与劳动供应成比例：

$$V(t)=aT(t);$$

b. 消费决定于产出量，也就是说，全部产出的$(1-\gamma)$的份额用于消费，剩下的γ的份额用于积累。

在这样的情况下，经济发展可以用函数$K(t)$的微分方程来说明，$K(t)$规定了作为一个时间函数的固定资产（及流动基金）的量：

$$\frac{\mathrm{d}K}{\mathrm{d}t}=P(t)-V(t)=U[K(t),T(t)]-V[t,K(t),T(t),P(t)]。\quad (1)$$

特别是，在上述两个假设条件下，它具有以下形式：

$$\frac{\mathrm{d}K}{\mathrm{d}t}=U[K(t),T(t)]-\alpha T(t), \quad (1a)$$

$$\frac{\mathrm{d}K}{\mathrm{d}t}=\gamma U[K,T]. \quad (1b)$$

方程式(1)、(1a)及(1b)得以成立，在很大程度上依赖于下述假设：生产基金能够及时地从一种形式转化为另一种形式，即转化为这样的一种形式，它在一定时期中的生产基金与劳动供应的现有比值下，是最优的形式。

该经济系统的发展在任何时刻都将是最优的（微分最优化），因为生产量决定于该经济系统的状态，而且在生产函数的采用中，考虑了生产的最大值；该经济系统的状态也决定了消费。关于这方面的问题，作者在另外的文章中曾有所探讨。这里我们打算来研究一下方程式(1)和模型的某些特征。

投资效果定额等于$\partial U/\partial K$；我们知道，在这一模型的假设范围内，它代表每增加一单位投资，单位时间的生产增长率。

2. 显式可积性(Integrability in explicit form)。我们介绍一下方程式(1)具有显式可积性的情况。调换变数

$$S(t)=K(t)/T(t)。\tag{2}$$

方程式(1)具有下述形式:

$$S'+\frac{T'}{T}S=U(S,1)-\frac{V}{T},\tag{3}$$

而方程式(1b)具有下述形式:

$$S'+\frac{T'}{T}S=\gamma U(S,1)。\tag{3b}$$

我们将考虑以下各种情况:

a. $T=T_0e^{\delta t}$, $0\leqslant t<\infty$,式中,δ 为人口增长率,且函数 U 为任意函数;

b. $U(K,T)=cK+bT$;

c. $U(K,T)=cK^{\alpha}T^{1-\alpha}(0<\alpha<1)$(为一科布—道格拉斯函数);

d. $U(K,T)=K\ln T/K(T\geqslant K)$。

在 a、b、c、d 四种情况下,方程式(1b)都可进行显式积分。方程式(1a)只能在 a、b、d 三种情况下进行显式积分。

3. 投资效果定额的公式。依据前面的演算,投资效果定额等于

$$n_e=\partial U(K,T)/\partial K。$$

从(2)式引进变数 S,我们得到

$$n_e=U_S{}'(S,1)。\tag{4}$$

于是可有

$$\begin{aligned}\frac{\mathrm{d}P}{\mathrm{d}t}&=\frac{\mathrm{d}}{\mathrm{d}t}[TU(S,1)]\\&=T'U(S,1)+TU'_s(S,1)S'_t。\end{aligned}$$

利用(3)式,我们得到

$$\frac{\mathrm{d}P}{\mathrm{d}t}=T'U(S,1)+Tn_e\left[U(S,1)-\frac{T'}{T}S-\frac{V(t)}{T}\right],$$

可求出

$$n_e=\frac{\mathrm{d}P/\mathrm{d}t-T'U(S,1)}{TU(S,1)-T'S-V(t)}=\frac{\frac{1}{P}\frac{\mathrm{d}P}{\mathrm{d}t}-\frac{T'}{T}}{1-\frac{T'}{T}\frac{K(t)}{P(t)}-\frac{V(t)}{P(t)}}。\tag{5}$$

特别是,在方程式(1)的情况下,我们可得

$$n_e=\frac{\frac{1}{P}\frac{\mathrm{d}P}{\mathrm{d}t}-\frac{T'}{T}}{\gamma-\frac{T'}{T}\frac{K}{P}}。\tag{6}$$

从公式(6),并通过直接计算,我们就得到了在方程式(1b)及$U(K,T)=cU^{\alpha}T^{1-\alpha}$的情况下,求 n_e 的公式为

$$n_e=\alpha P/K。\tag{6'}$$

4. 对技术进步的考虑。方程式(1)中的技术进步是在一种非常简单的方式下加以考虑的。如果我们用以下公式计算生产:

$$P(t)=e^{\rho t}U(K,T),$$

可得

$$K'=e^{\rho t}U(K,T)-V(t),\tag{7}$$

式中,

a. $V(t)=\alpha T(t)$;

b. $V(t)=(1-\gamma)e^{\rho t}U(K,T),0<\gamma<1$。

现在我们来计算投资效果定额。我们得到

$$\frac{\mathrm{d}P}{\mathrm{d}t}=\frac{\mathrm{d}}{\mathrm{d}t}\left[e^{\rho t}U(K,T)\right]=\rho e^{\rho t}U+e^{\rho t}\,\frac{\mathrm{d}}{\mathrm{d}t}\left[T(t)U(S,1)\right]$$

$$=\rho e^{\rho t}TU(S,1)+e^{\rho t}T'U(S,1)+e^{\rho t}TU'_s(S,1)S'_t;$$

但从(7)式，

$$S'=e^{\rho t}U(S,1)-\frac{T'}{T}S-\frac{V}{T}.$$

在该情况下，$n_e=e^{\rho t}U'_s(S,1)$，所以我们得到

$$\frac{\mathrm{d}P}{\mathrm{d}t}=\rho e^{\rho t}TU(S,1)+e^{\rho t}T'U(S,1)+Tn_e$$

$$\times\left[e^{\rho t}U(S,1)-\frac{T'}{T}S-\frac{V}{T}\right],$$

$$n_e=\frac{\frac{\mathrm{d}P}{\mathrm{d}t}-\rho P-e^{\rho t}T'U(S,1)}{T\left(e^{\rho t}U(S,1)-\frac{T'}{T}S-\frac{V}{T}\right)}=\frac{\frac{1}{P}\frac{\mathrm{d}P}{\mathrm{d}t}-\left(\rho+\frac{T'}{T}\right)}{1-\frac{T'}{T}\frac{K}{P}-\frac{V}{P}}。$$

5. 折旧和陈旧过时的计算。对于折旧了的(实际的)、而非名义的固定资产 $\overline{K}$ 来说，方程式将为

$$\frac{\mathrm{d}\overline{K}}{\mathrm{d}t}=U(\overline{K},T)-\delta\overline{K}(t)-V(t),$$

式中，δ 是因为物质磨损、陈旧过时，以及不符合必要的生产结构而损失的固定资产的份额。我们用一个一般的公式来解决这一情况($\delta\overline{K}(t)$项也与相应增加的消费相适应)。因此，

$$n_e=\frac{\frac{1}{P}\frac{\mathrm{d}P}{\mathrm{d}t}-\frac{T'}{T}}{1-\frac{V}{P}-\frac{\overline{K}}{P}\frac{T'}{T}-\delta\frac{\overline{K}}{P}}。$$

如果把施工时期的长度考虑进去，方程式就将有不同的写法了。由于我们需要增加现存的固定资产，所以必须考虑折旧和陈旧过时。设资源在施工期间的冻结时期为 v 年，如果我们假设方程式

中的函数具有光滑函数的特征，则确定 $\overline{K}$ 的变化（折旧）的方程式可近似地写成：

$$(1+\beta)^{v}\frac{\mathrm{d}\overline{K}}{\mathrm{d}t}=U\big(\overline{K}(t),T(t)\big)-\delta\overline{K}(t)-V(t);$$

$$\beta=\frac{1}{P}\frac{\mathrm{d}P}{\mathrm{d}t}\text{或 }\beta=\frac{1}{P}\frac{\mathrm{d}P}{\mathrm{d}t}+\delta。$$

因此，

$$n_e=\frac{\left(\frac{1}{P}\frac{\mathrm{d}P}{\mathrm{d}t}-\frac{T'}{T}\right)(1+\beta)^{v}}{1-\delta\frac{\overline{K}}{P}-\frac{V}{P}-\frac{T'}{T}\frac{\overline{K}}{P}(1+\beta)^{v}}。$$

如果从分析一个具有时滞的方程式着手，计算结果当能更精确一些。关于精神磨损影响的问题，作者在另外的文章中已有所论述。

6. 渐近线特性。我们来看看方程式(1b)；假设 $\lim\limits_{t\to\infty}\frac{T'}{T}=\lambda$，则我们可用符号表示下述诸定理：

定理 1. 假设 c 为下述方程式的一个根，

$$\lambda x=\gamma U(x,1),0<x<\infty,$$

K 为方程式(1b)的一个解；于是可得

$$\lim_{t\to\infty}\frac{K}{T}=c,\bar{n}_e=\lim_{t\to\infty}\quad n_e=U'_x(c,1)。$$

定理 2. 假定 $\gamma U(x,1)>\lambda x,0<x<\infty$，

K 为方程式(1)的一个解；于是可得

$$\lim_{t\to\infty}\frac{\ln K}{t}=a\gamma,\lim_{t\to\infty}n_e=\lim_{t\to\infty}\frac{U(K,T)}{K}=a,$$

式中，

$$a=\lim_{x\to\infty}U'_x(x,1)。$$

如果把技术进步考虑进去,我们就得到了

定理 3. 假设在原点的领域,

$$t^{\alpha-1}U(1,t)=[c_0+O(t)],$$

同时,假设当 $x\to\infty$时,存在着 n_e 及 $xU'_x(x,1)/U(x,1)$的极限。那时,如果 K 是方程式(7)的一个解,则下述渐近线公式能够成立:

$$\lim_{t\to\infty}\frac{K}{e^{\frac{\rho}{1-\alpha}t}T}=\left[\frac{(1-\alpha)c_0\gamma}{\rho+(1-\alpha)\lambda}\right]^{1/(1-\alpha)},$$

$$\lim_{t\to\infty}n_e=\alpha\frac{\rho+(1-\alpha)\lambda}{(1-\alpha)\gamma}。$$

在模型(1a)的情况下,定理 1、2 及 3 也能用公式表示并加以证明。

7. 一个数字例题。为了说明上述各公式,现在我们举出一个基于某一假定时期的数字例题。假设在经济的现状下,国民收入增长率$\frac{1}{P}\frac{\mathrm{d}P}{\mathrm{d}t}=0.08$,$T'/T=0.02$,$\frac{V}{P}=0.7$。从(6)式,$n_e=0.23$,也即 23%。如果 $\alpha=0.46$(依据美国经济的数据,$\alpha=0.33$),从公式(6′)也可得出同值。如果把技术进步考虑进去,$\rho=0.02$,可得出 $n_e=15.4\%$。如果考虑折旧,$\delta=0.03$,同时假设 $\overline{K}=K$,我们得到 $n_e=30\%$,如果 $\overline{K}=0.75K$,则 $n_e=27\%$。如果同时考虑技术进步及折旧(假定 ρ 及 δ 的值均不变),则得 $n_e=20\%$。最后,我们如果假设施工时期 $v=2$ 年,并令 $\overline{K}=0.75K$,$\beta=\frac{1}{P}\frac{\mathrm{d}P}{\mathrm{d}t}$,我们可得 $n_e=0.32$。

7　一个动态的经济模型*

1. 我们曾经在另外的文章中，研究了一个单一产品的经济模型，并利用该模型计算投资效果定额。更详尽的分析还能对许多工业和产品的特性进行研究。本文将保留模型的宏观经济的性质，并且遵循马克思的体系，介绍两种产品和两个部类。假定第一部类的产品是两个部类生产基金的来源，而第二部类的产品则用于消费。假定两个部类的生产条件(它们均可用一个生产函数来表示)并不一样。用 K_1 和 K_2 表示第一部类和第二部类的生产基金，P_1 和 P_2 表示第一部类和第二部类的净产量。我们假设生产函数 U_1 和 U_2 已经给定。因而可有

$$P_1=U_1[K_1,T_1],P_2=U_2[K_2,T_2],$$

式中，T_1 及 T_2 分别为用于第一部类及第二部类的劳动资源。在这里，$T_1+T_2=T$，而且两个部类的劳动供应是由，比方说，人口增长率所决定的；函数 $U_i(x,y)(i=1,2)$ 是一个齐次一次正函数，而且可以两次微分，同时

$$U_i'(x,1)>0,U_i''(x,1)<0(i=1,2),0<x<+\infty,$$

* 作者为康托罗维奇和 И. Г. 格洛本柯，见《苏联科学院学报》，1967 年，第 176 卷，第 5 期。

$$U_i(0,1)=U_i(1,0)=0(i=1,2)。$$

消费 $V(t)$ 为预先给定，或者说，它是一个具有该经济系统诸参数的已知函数，积累（第一部类的产出 P_1）将在第一部类和第二部类间分摊。

我们假设：在每个部类内部，生产基金可以即时转化，但不能转化到另一部类，所以每个部类内的生产基金不会减少。劳动可以转移。

因此，我们可有下列关系：

$$T_1+T_2=T; \tag{1}$$

$$U_2(K_2,T_2)=V(t); \tag{2}$$

$$K_1'+K_2'=U_1(K_1,T_1)。 \tag{3}$$

其次，生产基金的不可转化性，规定了 $K_1(t)$ 及 $K_2(t)$ 必须是非递减的函数。

最后，微分最优化要求具备等效分布劳动和生产基金这一条件，即

$$\frac{\partial U_1}{\partial K_1}\frac{\partial U_2}{\partial T_2}=\frac{\partial U_1}{\partial T_1}\frac{\partial U_2}{\partial K_2}，如果\ K'_1>0,K'_2>0 \tag{4}$$

投资效果定额的大小决定了每增加一单位投资而得到的单位时间内的产量增长额，它等于

$$n_e=\partial P_1/\partial K_1。$$

下述可积分性的情况包括：

1. $U_1(K_1,T_1)=K_1{}^{\alpha}T_1{}^{1-\alpha}$，$U_2=K_2{}^{\beta}T_2^{1-\beta}$：科布—道格拉斯情况。

2. $U_1(K_1,T_1)=\alpha_1K_1+b_1T_1$，$U_2(K_2,T_2)=\alpha_2K_2+b_2T_2$。

应该指出，如果 $T_2(t)$ 已给定，$K_2(t)$ 也已确定，那就是单一产

品模型的情况了(作者在另外的文章中曾加以论述)。函数 U_1 和函数 U_2 如果一样,也会归结为一个单一产品的模型。

2. 根据欧拉($Euler$)定理,我们可得

$$\frac{\partial U_1}{\partial K_1}\mathrm{K}_1+\frac{\partial U_1}{\partial T_1}\mathrm{T}_1=\mathrm{U}_1,\frac{\partial U_2}{\partial K_2}\mathrm{K}_2+\frac{\partial U_2}{\partial T_2}\mathrm{T}_2=U_2。$$

依据(2)式及(3)式,可有

$$\frac{\partial U_1}{\partial K_1}\mathrm{K'}_1+\frac{\partial U_1}{\partial T_1}\mathrm{T'}_1=\mathrm{U'}_{1t},\frac{\partial U_2}{\partial K_2}\mathrm{K'}_2+\frac{\partial U_2}{\partial T_2}T'_2=V'(t),$$

$$K'_1+K'_2=U_1。$$

再利用(4)式,于是得到公式

$$n_e=\frac{V(U_1T'_1-U'_{1t}T_1)+U_1(VT'_2-V'T_2)}{V(K_1T'-U_1T_1)+V'(K_2T_1-K_1T_2)},$$

如果是在科布—道格拉斯的情况下,则具有如下形式:

$$n_e=\alpha U_1/K_1。$$

将技术进步考虑进去,则可得

$$n_e=\frac{P_2(P_1T'_1-P'_{1t}T_1+\rho_1P_1T_1)+P_1(P_2T'_2-P'_{2t}T_2+\rho_2P_2T_2)}{P_2(K_1T'-P_1T_1)+(P'_{2t}-\rho_2P_2)(K_2T_1-K_1T_2)},$$

式中,$P_1=e^{\rho_1t}U_1(K_1,T_1)$,$P_2=e^{\rho_2t}U_2(K_2,T_2)$,$\rho_1,\rho_2\geqslant0$。

3. 我们假设存在着下述极限:

$$\lim_{t\to\infty}T_1/T=a\neq0;\qquad(5)$$

$$\lim_{t\to\infty}T'/T=\lambda;\qquad(6)$$

$$\lim_{t\to\infty}V(t)/T(t)=b。\qquad(7)$$

如果(5)—(7)式能够成立,则可得出 $b<+\infty$。此外,下述各情况也都是可能的:

1. 直线 $y=\lambda x$ 与曲线 $y=U_1(x-c_2,a)$ 相交于两点 $c_0<c_1〔c_2$

是方程式 $b=U_2(x,1-a)$ 的一个根，$c_2\leqslant x<+\infty$〕。

下述公式可以成立：

$$\lim_{t\to\infty} K_2/T=c_2\text{；}\tag{8}$$

$$\lim_{t\to\infty} K_1/T=\begin{cases}\text{i）}\quad c_0-c_2\text{，}\\ \text{ii）}\quad c_1-c_2\text{。}\end{cases}\tag{9}$$

这时，如果存在一常数 $c>c_0$，而我们又可以找到一个能使 $s(t)\geqslant c$ 成立的任意久远的 t 值，我们就能有情况 i)，否则，就是情况 ii)。

2. 直线 $y=\lambda x$ 与曲线 $y=U_1(x-c_2,a)$ 有一共同点。这时，公式(8)与公式(9)仍能成立，但情况 i)与情况 ii)相重合。

3. 直线 $y=\lambda x$ 与曲线 $y=U_1(x-c_2,a)$ 没有共同点。这时，从某一时刻开始，K_1 及 K_2 成为负值，模型也就失去了它的经济意义。

如果(5)—(7)式能够成立，我们可有下述渐近线公式：

对情况 i)来说，　$\lim\limits_{t\to\infty}\ n_e=U'_1\left(\frac{c_0-c_2}{a},1\right)$；

对情况 ii)来说，　$\lim\limits_{t\to\infty}\ n_e-U'_1\left(\frac{c_1-c_2}{a},1\right)$；

函数 U'_1 是指 $U'_{1x}(x,1)$。

8　论根据单一产品的经济发展模型计算投资效果定额*

1. 分析国民经济长期发展的数学宏观经济模型的出现及其意义

在资产阶级的经济学中，对整个国民经济的具体动态的研究，严格地说，是和19世纪中叶兴起的既需要进行解释也需要进行预测的对危机的研究同时开始的。但是，危机是作为孤立的片刻，作为国民经济动态中超出了常态或超出了可行范围的孤立的一点而加以研究的。

马克思在《资本论》第二卷中提出的有独创性的再生产模型，是根据算术例题而发展起来的，不过它实质上还不是一个数学模型，虽然我们知道，马克思经常强调在经济研究中需要利用数学方法。特别是，马克思想从数学方面推导出危机的主要规律，但当时他拒绝这样做（见马克思1873年给恩格斯的信，《马克思恩格斯全集》，俄文版，第33卷）。

---

* 作者为康托罗维奇和艾尔伯. Л. 瓦恩斯坦，原载于《经济学和数学方法》，俄文版，1967年，第5期。

只是到20世纪初叶，在桑巴特(W. Sombart)以及后来的卡塞尔(G. Cassel)不断的大力倡导下，对危机的研究才被对商业周期的研究所取代，也就是说，把商业周期作为一个整体来加以研究。但是，在这里，研究的对象并不是整个动态，而仅仅是商业周期，它的各个阶段，以及在任何既定时刻，国民经济的各个指标在商业周期中的地位。当时，国民经济作为一个整体的发展趋势，还没有引起研究者的兴趣。恰恰相反，一条独特的发展曲线妨碍了他们；他们力图把那种发展趋势排除在包括一切的经济系列之外，以便在“纯粹的”形式中，弄清楚周期性波动与各个部分性指标的关系。

这就是英美统计学派(Anglo-American statistical school)(帕森斯、尤尔和别的一些人)在研究国民经济动态方面的方法论；就在这种基础上，在20世纪的头25年内，出现了许多据说能预测“经济气象”的“经济晴雨表”。

但是，由于这些晴雨表的自相矛盾，以及在30年代支配了整个资本主义世界的空前的危机的影响下，经济学家不得不研究国民经济的全面动态，它的规律性，以及各个变数的相互依存关系，也就是说，不得不研究协调而稳定的经济增长的理论。这样一种研究方法可以称为宏观经济研究方法，凯恩斯是西方经济文献中这方面的主要代表人物。他在分析的核心部分提出了一些综合的全国性指标，例如国民收入、总消费、总储蓄、总供给、总需求等等，他也提出了某些边际变数(即他的宏观经济模型的参数)的作用，这些边际变数有：边际消费倾向、边际储蓄倾向、资本的边际效率、收益增殖率、加速投资率(accelerator)等等。从关于各个变数(总储蓄、消费、投资等)之间必然的关系的某些假设，以及在它们的相互关系中某些参数假设的变化出发，凯恩斯建立了一些条件，在这些条件下，他的国民经济模型能够稳定地进行发展。

凯恩斯的著作在整个资本主义世界的理论文献中，受到了广泛的注意。西方绝大多数研究增长理论和动态经济模型的建立的作者(哈罗德及多马、菲利普斯、萨缪尔森、希克斯，以及许多别的人)都追随在凯恩斯之后：他们稍为改变一下所建议的方程式；他们把时滞引入变数中(例如，产出—收入、收入—支出、支出—产出，其中第二个要素滞后于第一个要素)；他们也把时滞引入收益增长率或加速投资率，或同时引入二者。在 R. 阿伦的著作中，特别是其中第二章和第三章，可以看到许多改变了的凯恩斯型的模型——尽管在资本主义经济条件下，它们只能具有理论上的意义。

然而，首先建立宏观经济动态模型并把经济稳定的和不断的增长所需基本条件列成公式的不是凯恩斯，而是苏联经济学家和工程师，苏联国家计委的著名专家 Г. А. 费里德曼，早在 1928 年就发表了两篇论文，提出了他的国民收入增长率的理论。但这些重要著作和俄国经济学家某些有意义的思想，长期以来不为人知，只是到第二次世界大战以后，才被国外所知，并引起了广泛的兴趣。1957 年，美国著名经济学家 E. 多马在他的有关经济增长理论的著作中，专门用一章对费里德曼的论文进行了十分详尽的分析，认为它们是创立数学的经济增长理论的卓越的开始。1964 年，费里德曼的著作在美国全文发表，在这以前一年，已在波兰发表。①

① 波兰科学院出版的《经济研究》曾于 1963 年发行一期专门研究费里德曼的专刊。此外，他们翻译了费里德曼的著作，书中附了一篇由帕舍里阿斯柯夫斯基所写的关于费里德曼模型的极为详尽的数学方面的评述。

费里德曼在其著作中将全部生产分为两部分(但不是按照马克思的方案):一部分是用来生产消费品以及生产使消费品的产量保持在每一既定水平所必需的生产资料的;另一部分则用来增加和更换生产基金。然后他规定了在经济发展的三种情况下(1.总消费不变;2.消费按不变的相对增长率增长;3.消费按增长的增长率增长),这些产出的不同组成部分和要素之间的数学关系。作者确定了任何生产要素的变化对经济的所有其他组成部分的影响,以便按所需要的方式来控制经济。例如,他确定了在工业中同时更换设备的影响,这在资本主义经济中不可避免地会引起剧烈的周期性波动,但在计划经济中却是可以避免的。他还研究了各参数,研究它们如何变化才能使消费增长率增长一倍;总而言之,费里德曼的模型是一个正是打算用于有计划的国民经济的控制经济的模型。

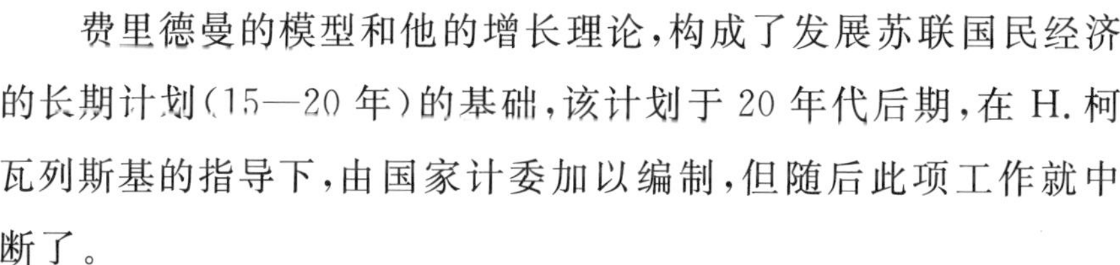

费里德曼的模型和他的增长理论,构成了发展苏联国民经济的长期计划(15—20年)的基础,该计划于20年代后期,在H.柯瓦列斯基的指导下,由国家计委加以编制,但随后此项工作就中断了。

只是到50年代后半期,当线性规划已在苏联被发现,同时在经济研究中开始广泛应用数学方法之后,建立能够用于受控制的社会主义经济的宏观经济模型的工作才重新开始。1959年,在康托罗维奇和Л.И.哥里柯夫的著作中,提出了几个这样的模型:假定生产基金可以即时转换的各种模型,假定生产基金不能转换并且考虑到折旧的各种模型;由于生产基金在经济上的老化而逐渐把它注销的各种模型。这些模型导致了一些微分方程,一些颇具独创见解的积分—微分方程,以及另外一些函数关系。这一著作是 Л. И. 哥里柯夫在 1960 年的一次会议上的发言题目,它引起了人们的兴趣;特别是 A. H. 柯尔莫哥罗夫参加了讨论,他承认了这样一些简化了的模型的用处。虽然如此,但这方面的工作实际上中断了,只是最近才由康托罗维奇和 И. Г. 格洛本柯共同加以恢复。他们已经发表了关于一个简化了的单一产品的模型(生产基金可以即时转换)的一些研究成果。

应该指出,最近在国外文献中,有许多著作都致力于最优增长模型的研究,但这些模型是建立在略为不同的水平上(例如,柯普曼、盖尔、井中癸)。在这些模型中,提出了在现在与将来之间资本分配最优化的问题,但只是通过非常有条件的和不确定的列式而加以解决。在我们的著作中没有考虑这个问题,我们假定净产品在消费和积累之间分配的依据已经给定。

2. 一个一般的发展模型的建立

本文的主题还是一个单一产品的模型。乍一看来,对于现实的国民经济来说,一个单一产品的模型是非常抽象的。仅仅考虑单一产品,它要用来果腹,要用来作衣裳,还要用来建设工厂和制作机器。事实上在现实生活中,这种抽象的程度并不高,从经济学的角度来考虑,一切产品都可以用货币或者用劳动来进行公度(根据所采用的价格形成的概念)。我们可以回想一下马克思的两种产品的扩大再生产模型也具有同样的抽象程度,但它仍然为有意义的经济分析提供了广泛的可能。用同样的单位来评价每种产品，我们能够把任何国民经济模型作为一个单一产品的模型来考虑。从数学的观点来看，通过货币、劳动、能量或其他任何手段，使一切产品转换为单一产品而加以公度的这种方法，是无关紧要的。

因此，我们现在来考虑一个生产单一产品的经济系统。它的一部分产品用于消费，另一部分产品则用于增加固定资产和流动基金。在这个模型中，这两类生产基金是不加区分的。

生产函数 $P(t)$ 在模型中起着基本作用，它说明了用在 t 时可得到的大小为 $K(t)$ 的生产基金及劳动供应 $T(t)$[①]（一切劳动都化成简单劳动），在单位时间内能够生产的净产品量或国民收入，或

$$P(t)=U[K(t),T(t)]。\qquad (1)$$

在这里，函数 $T(t)$ 假设是给定的（根据国民经济中所使用的劳动力的动态而确定的），它也是可以随着人口而变化的。$K(t)$ 代表在 t 时国民经济中可得到的全部生产基金（包括固定资产和流动基金）。这一函数是未知的，但期初的 $K(0)$ 则已给定。

下面两个合情合理的假设是建立模型的基础：

第一个假设。函数 $U(K,T)$ 已经包含了一个最优解，也就是说，需要怎样按最好的方式来安排现有数量的生产基金和劳动，以便能在单位时间内生产最多的产品，这一点已经知道。

第二个假设。函数 U 为正值且为齐次，也就是说，如果我们具有 λ 倍的劳动和生产基金，我们就能生产 λ 倍的产出，即 $U(\lambda K,\lambda T)=\lambda U(K,T)$。

从上述函数 $U(K,T)$ 系基于各最优方法及这些方法可进行线

① 生产基金 K 参与了生产过程，但它并没有被消耗掉（当计算净产量时要扣除这一消耗部分），并继续参与下一周期。因此，生产基金在生产过程中起着催化剂的作用，它影响着劳动生产率和产量。

性结合的假设，可以得出，在集 $U(K,T)\geqslant C$ 中每两点存在着一个中间点，从而可知函数 $U(x,1)$ 的凹面向下。

在一既定时刻的总国民消费 $V(t)$[①]可以认为是给定的，或者我们可以假定，这一函数决定于该经济系统的各参数；也就是说，

$$V(t)=V[t,T(t),K(t),P(t)]。\tag{2}$$

因此，知道了该经济系统在 t 时的各项资源和所生产的产出，我们就可以确定总国民消费。

于是根据(1)式和(2)式，经济的增长(生产基金的增加率)可以用一个非常简单的微分方程来加以说明：

$$\frac{\mathrm{d}K}{\mathrm{d}t}=P(t)-V(t)=U[K(t),T(t)]-V[t,T(t),K(t),P(t)]\tag{3}$$

我们可以根据下述假设中的一项，来简化消费函数的形式：

a. 消费与劳动供应成比例，即 $V(t)=\alpha T(t)$；

b. 总产品的一定份额$(1-\gamma)$用于消费，剩下的部分 γ 则用于积累。

做出了这样的有关消费的假设之后，方程式(3)可以写成

$$\frac{\mathrm{d}K}{\mathrm{d}t}=U[K(t),T(t)]-\alpha T(t)；\tag{3a}$$

$$\frac{\mathrm{d}K}{\mathrm{d}t}=\gamma U[K(t),T(t)]。\tag{3b}$$

方程式(3)、(3a)和(3b)的得以成立，在很大程度上有赖于生产基金可以即时转化的假设，也就是说，我们假设不管是什么样的

---

① 总国民消费包括个人消费和社会消费。

生产基金的实物形态，它都能容易地转化成另一种实物形态。例如，如果我们不想要旧拖拉机了，我们就可以把它们卖掉，同时买进同量的新拖拉机，也就是说，生产者总是具有所需要的生产基金结构，它就是最优结构，因为最优化正是包含在生产函数的建立之中。生产函数的这一形式及其应用，不仅有赖于生产基金能够即时转化的假设，而且也有赖于在任何时刻对现有资源的最优利用的假设。

在我们的经济系统中，消费已由各参数决定，因而事实上我们在这里具有一个确定的方程式，而并不存在控制参数或最优化的问题。虽然如此，但这种最优化是通过生产基金不断的最优转化和采用符合于各生产过程的最优选择的生产函数而默默地发生的。因而在某种意义上，我们可以说这是微分最优化，也就是说，我们在任何时刻都要选择那样一种政策，它能使生产基金在该一定时刻得到最大的增加，同时也考虑了必须予以满足的消费需要量。

3. 投资效果定额及其数学公式的列出

我们现在讨论的模型，涉及康托罗维奇和哥里柯夫著作中所提出的三种模型中的第一种。在研究本模型时，我们将对经济系统的一个参数——投资效果定额——发生兴趣。投资效果定额对经济研究非常重要，因为计算具体的投资效果，计算作为生产价格的价格，以及就最优化规划的方案来说，我们都必须知道这一参数。

但是，还需要一种客观的方法，以便用来确定我们感兴趣的这一定额。诺沃齐洛夫和康托罗维奇所应用的选择投资的方法，有些理论探讨的性质，把它用到具体工作上则非常困难。因此，仍然迫切需要计算出投资效果定额来。在像确定新价格这样的重要问题上(例如，1967 年 7 月那次)，未经理论上的论证，投资效果定额只能暂时采用 15%。所以我们必须确定一种客观的方法，来规定这一基本的国民经济指标。

我们觉得，宏观经济模型的方法(特别是在上节中所提出的方法)可以对我们感兴趣的这一定额进行某些定量评价，并对这一指标及其与经济系统的不同参数的关系，进行定性的研究。

进行此项研究时，替换方程式(3)的变数并引进一个新的未知量，即每单位可得到的劳动的生产基金量(生产基金-劳动比)

$$S(t)=\frac{K(t)}{T(t)}, \qquad (4)$$

是很有用处的。

经过这样替换之后，方程式(3)具有下述形式：

$$S'+\frac{T'}{T}S=U(S,1)-\frac{V}{T}。 \qquad (5)$$

而特殊情况(3b)则成为

$$S'+\frac{T'}{T}S=\gamma U(S,1)。$$

应该指出下述各种情况，在这些情况下，方程式在初等函数的最终形式或求积分的最终形式中，也就是说，在解析的形式中求解：

1) $T=T_0e^{\delta t}$，$(0\leqslant t<\infty)$，也就是说，假设劳动或全国人口以不变的相对增长率增加(为一指数函数)。

2)$U(K,T)=cK+bT$,也就是说,线性的情况。之所以对这种情况感兴趣,是因为任何函数在某些特定区间时都能近似于这种情况。

3)$U(K,T)=dK^{\alpha}T^{1-\alpha}$,$0<\alpha<1$。这是科布—道格拉斯函数的一种特殊情况。[①] 通过美国的统计资料,它提供了一个关于具有不同生产基金量和劳动量的企业生产情况的很好的说明。

4)$U(K,T)=K1n(T/K)$,$T\geqslant K$。

连续模型是以解析的形式算出结果,从而简化了定性分析。但是我们可以通过另外一条路线——建立不连续的动态模型——来进行研究。这一方法在参数的选择方面具有某些优点,同时为复杂的结构提供了一个机会。[②] 很明显,必须使这两种分析方法不互相抵触,最好使它们很好地结合起来。

我们现在回到我们感兴趣的基本参数——投资效果定额。对于我们的国民经济来说,投资效果定额就是在单位时间内由于适当利用每单位投资增量而产生的净产量的增加额。这一定义只是在一个被最优地控制了的经济中,才具有十分现实的意义。

在这样一些假设下,投资效果定额可用以下简单的公式来

① 科布—道格拉斯函数的一般形式为 $P=aF_1^{b1},F_2^{b2},\cdots,F_n^{bn}$,式中,$P$ 为产出量;$F_1,F_2\cdots,F_n$ 为不同的生产要素;$b_1,b_2\cdots b_n$ 为对各个生产要素的投入而言的不变的产出弹性系数。弹性总数 $B=b_1+b_2+\cdots+b_n$ 可以大于或小于 1。这一函数在取对数后成为线性。当 $B=1$ 时,具有固定的利润,也就是说,为一线性齐次函数。参阅“生产的理论”,P. H. 道格拉斯及 C. W. 科布:《美国经济评论》,1928 年,第 18 卷,增刊。

② 苏联科学院西伯利亚分院数学研究所已经计算了许多线性规划动态模型。Г. Г. 普萨诺娃和 Л. А. 波诺马列娃曾在 1966 年春季召开的长期计划工作会议上加以介绍。

表示：[①]

$$n_e = \frac{\partial U(K,T)}{\partial K} \tag{6}$$

现在我们通过一些别的变数和参数来表示 n_e，但首先要更换变数 $S=K/T$ 及 $K=ST$。于是(6)式可以写成

$$n_e = U'_s(S,1)。 \tag{6a}$$

我们可以从(1)式写出国民收入增长的公式：

$$\frac{\mathrm{d}P}{\mathrm{d}t} = \frac{\mathrm{d}}{\mathrm{d}t}[TU(S,1)] = T'U(S,1) + TU'_s(S,1)S_t,$$

用 n_e 替换上面方程式中的 $U'_s(S,1)$，并解方程以求投资效果定额 n_e。于是可得(利用(4)式和(5)式)：

$$n_e = \frac{\frac{\mathrm{d}P}{\mathrm{d}t} - T'U(S,1)}{TS'_t} = \frac{\frac{\mathrm{d}P}{\mathrm{d}t} - T'U(S,1)}{TU(S,1) - T'S - V}$$

$$= \frac{\frac{1}{P}\frac{\mathrm{d}P}{\mathrm{d}t} - \frac{T'}{T}}{1 - \frac{V}{P} - \frac{T'}{T}\frac{K}{P}}。 \tag{7}$$

公式(7)中的所有变量都具有十分清楚的经济含义，每个经济学家都是知道的：

分子中是国民收入增长率和劳动增长率(T′/T)；

分母中则是生产基金与国民收入之比或生产基金—产出比(K/P)，以及消费在国民收入中的份额(V/P)。

---

① 康托罗维奇和 В. Л. 马卡罗夫曾精确地论证了这一点。参阅"远景计划工作中的最优模型"，《数学在经济研究中的应用》论文选，俄文版，第 3 卷，莫斯科，数学出版社，1965 年。

特别是在科布—道格拉斯函数的情况下，我们可以得到这个极为简单的公式

$$n_e=\alpha\frac{P}{K}。\tag{7a}$$

从公式(7)还能推导出一些别的结果，例如，国民收入增长率与各种不同的生产要素之间的关系：

$$\frac{1}{P}\frac{\mathrm{d}P}{\mathrm{d}t}=\frac{T'}{T}+n_e\left(1-\frac{T'}{T}\frac{K}{P}-\frac{V}{P}\right)。$$

公式(7)的结构值得注意：生产函数并不是直截了当地进入投资效果定额的公式，且 n_e 与国民经济的一些综合指标直接有关。

4. 模型的修改

1. 考虑技术的进步。技术进步可以用下述方式加以说明：几年之后，我们用同样数量的(一定价值的)生产基金和同样的劳动投入，能够生产更多的产量。求国民收入的公式(1)于是将具有以下形式：

$$P(t)=e^{\rho t}U(K,T)。$$

方程式(3)也将相应地改变为

$$K'=e^{\rho t}U(K,T)-V(t)。$$

无须重复所有的细节，我们可以写出考虑了技术进步的投资效果定额的公式为

$$n_e=\left(\frac{1}{P}\frac{\mathrm{d}P}{\mathrm{d}t}-\left(\rho+\frac{T'}{T}\right)\right)\Big/\left(1-\frac{V}{P}-\frac{T'}{T}\frac{K}{P}\right)。\tag{8}$$

2. 考虑物质磨损和陈旧过时。把生产基金的物质磨损和陈

旧过时考虑进去，我们就能使模型稍为接近现实一些。生产基金可能只改变了一点点，但在某种程度上，它变得陈旧过时了，或者磨损了。我们还必须假设，有些生产基金实际上并未陈旧过时或受到物质磨损，但成为不必要了，从而不再符合所需要的产出结构了(例如，女帽的帽楦及不流行了的鞋样的鞋楦)。由于这一切原因，每年都要废弃一部分生产基金。

我们用 δ 表示每年由于各种原因而废弃的生产基金份额。为了考虑折旧，我们不能采用以名义价值(即原始购置费用)表示的生产基金的微分方程，而应采用以折旧了的价值表示的生产基金 $\overline{K}$ 的微分方程。于是方程式(3)可以写成如下形式：①

$$\frac{d\overline{K}}{dt}=U[\overline{K}(t),T(t)]-\delta\overline{K}(t)-V(t)$$

而投资效果定额的公式则成为

$$n_e=\left(\frac{1}{P}\frac{dP}{dt}-\frac{T'}{T}\right)\Big/\left(1-\frac{V}{P}-\frac{T'}{T}\frac{\overline{K}}{P}-\delta\frac{\overline{K}}{P}\right)。\qquad(9)$$

3. 考虑建立生产基金的时滞所需时期。积累不能立刻变成生产基金，需要用几年时间来建厂并使之达到设计能力。建设期的长短不同，而在此段时间内，资金在某种程度上被闲置而不能发挥作用。可以用两种方式来考虑这一情况。第一种方法是，我们可以考虑不同时期的生产基金，并推导出差别时滞方程式，但我们不打算在这里探讨这一方法。

---

① $\overline{K}$ 是现有生产基金的生产价值，也就是说，能和既定生产基金 K(对劳动 T)保证同样生产率的生产基金的价值。公式(9)是从公式(7)推导而来，因为生产基金的损耗 $\delta\overline{K}(t)$可以在形式上把它看作消费。

第二种方法是，假设今天所动用的生产基金，是用（比方说）两年前的积累建立的。假定国民收入为 10 亿卢布，而两年前则为 8 亿卢布。如果我们提取一定份额作为积累，由于这一份额是在两年前提取的，它将减少 25%（国民收入在两年期间增长了 25%）。另外，在这两年中，还将有一些生产基金会被废弃。在这样的情况下，我们可以写出下述启发式的、略带试验性的方程式——如果进入其中的函数为光滑函数的话：

$$(1+\beta)^{\mu}\frac{d\overline{K}}{dt}=U(\overline{K},T)-\delta\overline{K}-V,$$

式中，μ 为实现积累所需的平均时期（资金在建设过程中的加权平均冻结时期加上达到设计能力的“折扣”时期[①]）由于某一年度动用的生产基金决定于 μ 年前的积累，这个积累就要比某一年的积累少 $(1+\beta)^{\mu}$，不论收益增长率为多少。

我们可以用下面两公式中之一来求 β：

$$\beta=\frac{1}{P}\frac{\mathrm{d}P}{\mathrm{d}t},$$

这就是说，按照国民经济的增长率来计算积累的变化；或

$$\beta=\frac{1}{P}\frac{dP}{dt}+\delta。$$

在这里，除了时滞外，我们还考虑了在建设过程中生产基金的废弃。

因此，当考虑了生产基金的建设时间以后，投资效果定额的公式成为

① 这里是指：在达到计划规定的年度生产能力的过程中产量的损失。

$$n_e=\left[\left(\frac{1}{P}\frac{\mathrm{d}P}{\mathrm{d}t}-\frac{T'}{T}\right)(1+\beta)^{\mu}\right]\Big/\left[1-\frac{V}{P}-\delta\frac{\overline{K}}{P}-\frac{T'}{T}\frac{\overline{K}}{P}(1+\beta)^{\mu}\right]。\tag{10}$$

5. 投资效果定额的计算

由于本模型所赖以建立的假设,即不仅在一开始,而且在整个所研究的时期中,都能进行生产基金的即时转化和最优决策这一假设,实际上在我们的具体条件中,只能在某种程度上实现,因此,按照上面所介绍的公式计算的值,还不能完全反映投资效果的真正定额(下面我们还将更详细地谈到这一点)。虽然如此,但我们如果把代表今天苏联国民经济状况的统计数据代入上述公式,我们所得到的结果,仍能在确定方计时具有某些价值。将来,假如能更好地考虑现实情况,所得结果也能更可靠一些。

用数字来计算投资效果定额所必需的最初的绝对值,将根据苏联中央统计局的数据,除了特别规定的情况外,都是采用以可比价格表示的价值指标。相对价格是我们通过对相当于五年或十年的时间系列的各种趋势进行分析而计算出来的。

关于后面所引用的各项数字,须做以下说明。在上一节中介绍的各公式都是关于净产量或苏联国民收入的,我们知道,这一范畴所包含的仅仅是物质生产领域中所创造的收入。因而在这些公式的右方,也就只能包括仅仅作用于生产领域的生产基金和劳动资源。但这样的做法很成问题,因为尽管非生产领域的非生产性基金和为工人提供的劳动服务并不直接生产有形的价值,但它们却通过提高劳动生产率和生产基金的利用而肯定地促进了价值的创造。因而从这些因素的影响中完全抽象出来，那是不正确的。所以我们还将进行两种计算：第一种计算包括国民经济中的全部固定资产和流动基金，以及全部工人；第二种计算则仅仅包括生产领域中的各该范畴（我们将用“零”下标来表明后面这些指标）。

确定在修改基本模型中出现的某些参数所必需的一些统计数据还不具备。这时我们将采用近似值。这些参数包括技术进步(ρ)，以及由于陈旧过时和不能适应需求结构而注销的生产基金份额(δ)。

现在我们来计算下述各指标（见表 8－1）。

技术进步参数 ρ 可以利用科布—道格拉斯公式粗略地予以确定。如果用 P_1 和 P_2 分别表示起始时期和后继时期的净产量，则 ρ 可从下式算出：

$$\frac{P_2}{P_1}=e^{\rho}\left(\frac{K_2}{K_1}\right)^{\alpha}\left(\frac{T_2}{T_1}\right)^{1-\alpha}, \qquad (11)$$

式中，K_1、K_2、T_1 及 T_2 分别为两个连续的时期中的生产基金和劳动资源（见表 8－2）。

将表 8－1 的各数值带入上一节中的各公式，我们就算出了投资效果定额。为了观察上的方便，我们把算得的结果列入表 8－2，式中，n_e 为第一种计算，它包括国民经济中的全部生产基金和劳动资源，而 n_{e0} 则为第二种计算，它应用于物质生产领域，也就是说，在进行第二种计算时，要将公式中的 T'/T、K/P、$\overline{K}/P$ 分别换成 T'_0/T_0、K_0/P、$\overline{K}_0/P$。

表 8－1

编号	计量内容	符号	数　值	说　明
1	1965 年的国民收入	P	2,034 亿卢布	已经生产了的收入;《1955 年的国民经济》,第 589 页。
2	消费在国民经济中所占份额	$\frac{V}{P}$	0.74	从 A. Л. 瓦恩斯坦著作中摘引的平均值。
3	国民经济中全部固定资产和流动基金的价值	K	6,200 亿卢布	按 1965 年 1 月 1 日的重新购置费用计算。
4	同上, 但考虑了磨损	$\overline{K}$	4,980 亿卢布	根据苏联中央统计局的数据,只对固定资产进行折旧(26%)。中央统计局对流动基金是不计算磨损的。一般说来,$\overline{K}=0.80K$。
5	在物质生产领域中的固定资产和流动基金的价值	K_0	4,230 亿卢布	根据 1966 年 1 月 1 日的数据,2.6%的流动基金被用于非物质生产领域。
6	同上, 但考虑了磨损	$\overline{K}_0$	3,510 亿卢布	仅仅对固定资产计算磨损。
7	生产基金—产出比(按购置费用计)	$\frac{K}{P}$	3.05≈3.0	第 3 行被第 1 行来除。
8	生产基金—产出比(按实际价值计)	$\frac{\overline{K}}{P}$	2.45	第 4 行被第 1 行来除。
9	物质生产领域中的生产基金—产出比(按购置费用计)	$\frac{K_0}{P}$	2.08≈2.1	第 5 行被第 1 行来除。
10	物质生产领域中的生产基金—产出比(按实际价值计)	$\frac{\overline{K}_0}{P}$	1.72	第 6 行被第 1 行来除。
11	国民经济增长率	$\frac{1}{P}\frac{dP}{dt}$	0.0653≈6.5%	根据 A. Л. 瓦恩斯坦著作中对 1950—1964 年增长情况的大致分析。
12	国民经济中劳动资源的平均增长率	$\frac{T'}{T}$	0.024 或 2.4%	根据一切部门(包括集体农庄)在 1959—1966 年期间,弄平了的就业增长的线性趋势算出的 1966 年的近似值。
13	物质生产领域中的劳动资源的平均增长率	$\frac{T'_0}{T_0}$	0.018 或 1.8%	同上。但仅限于物质生产领域。

表 8－2

公　　式	n_e	n_{e0}	说　　明
(7)基本公式 $\dfrac{\dfrac{1}{P}\dfrac{dP}{dt}-\dfrac{T'}{T}}{1-\dfrac{V}{P}-\dfrac{T'}{T}\dfrac{K}{P}}$	0.22	0.21	根据科布—道格拉斯公式(7a)，假定算得的投资效果定额为 0.22，我们得到 α=0.67，它是颇高的。
(7a)就苏联来说的科布—道格拉斯公式 $\alpha\dfrac{P}{K}$	0.13	0.183	α=0.382。根据 Б. Н. 米哈列夫斯基和 У. П. 索洛维也夫的著作而算得，在该著作中，作者给出了一个 1951—1963 年的三要素生产函数。
(8)模型考虑了技术进步 $\dfrac{\dfrac{1}{P}\dfrac{dP}{dt}-\left(\rho+\dfrac{T'}{T}\right)}{1-\dfrac{V}{P}-\dfrac{T'}{T}\dfrac{K}{P}}$	0.146	0.159	ρ=0.014，ρ_0=0.013；它们系根据公式(11)而算得，而 P_2/P_1、K_2/K_1、T_2/T_1 则根据 1966 年和 1965 年的数据而算得，它们分别等于 1.065、1.095 及 1.024(ρ)；以及 1.065、1.109、1.018(ρ_0)。
(9)模型考虑了物质磨损及陈旧过时 $\dfrac{\dfrac{1}{P}\dfrac{dP}{dt}-\dfrac{T'}{T}}{1-\dfrac{V}{P}-\dfrac{T'}{T}\dfrac{\overline{K}}{P}-\delta\dfrac{\overline{K}}{P}}$	0.251	0.233	公式已经考虑了由于物质磨损和部分因陈旧过时而造成的贬值。但没有考虑由于与需求结构不相符及生产中的不成比例而造成的贬值。我们假设这部分贬值 δ=0.015。
(10)模型考虑了生产基金的建设时期和磨损 $\dfrac{\left(\dfrac{1}{P}\dfrac{dP}{dt}-\dfrac{T'}{T}\right)+(1+\beta)^{\mu}}{1-\dfrac{V}{P}-\delta\dfrac{\overline{K}}{P}-\dfrac{T'}{T}\dfrac{\overline{K}}{P}(1+\beta)^{\mu}}$	0.30	0.27	μ 为工程项目施工期中投资的冻结时期。假定它为两年，也就是说，被建设的项目只是在动工后的第三年才能开始部分投产。于是 $(1+\beta)^{\mu}=1.0653^2=1.135$；δ=0.015。
(11)同时考虑技术进步及磨损的模型 $\dfrac{\dfrac{1}{P}\dfrac{dP}{dt}-\left(\rho+\dfrac{T'}{T}\right)}{1-\dfrac{V}{P}-\dfrac{T'}{T}\dfrac{\overline{K}}{P}-\delta\dfrac{\overline{K}}{P}}$	0.166	0.169	假设 ρ=0.014，ρ_0=0.013，δ=0.015。

表 8－2 中通过公式(7)、(9)和(10)而算得的投资效果定额的数值，显示了在苏联具有较高的投资效果定额，它达到了 25％和更高的水平。正如通过公式(8)和(11)而求出的系数所表明的，如果出现了即使不多的技术进步(每年只提高 1.4％和 1.3％)，投资

效果定额就会大为降低。不过产出的经营费用也会随着技术进步而显著减少，这种情况必然导致 n 的某些提高。

当不存在技术进步时，单单考虑物质生产领域资源而算得的投资效果定额(n_{e0})略低于或接近于定额 n_e(根据净产量和国民经济的全部资源计算)。根据本文的分析，采用介乎前面所说的 n 的两值之间的某个中间值以作为我们工作的依据，当能更符合实际一些。

6. 结论

我们在前面已经说明，生产基金可以即时转化的假设，也即生产基金总是可以不受损失地从一种形式转化成另一形式，从而使我们得以从一种生产结构(劳动/生产基金比)改变为另一种生产结构的假设，代表一种极度的抽象；当把它应用于社会主义经济时，尤其是这样。① 我们对模型施加的一些调整略为降低了这一假设的抽象程度。但必须强调指出，即使在它最初的形式下，这一假设也并不像它在乍看之下那么死板和缺乏依据。由于合理地建立起来的计划经济的优点，根本不会产生对新近建立的生产基金进行转化的需要，因为在编制计划的过程中，我们已经预计了对产品的需求、可能的技术进步，以及劳动和生产基金之间的关系。在确定投资方向时，所有这些都必须加以考虑。生产基金是在这样

① 在研究一个单一产品的模型时，关于生产基金可以即时转化的假设并不是必要的。参阅康托罗维奇和哥里柯夫合著的“单一产品的模型的函数方程式”，《苏联科学院学报》，俄文版，1959 年，第 4 期。

的假设上建立起来的，即它们将在若干年中生产必要的产品，并且将是经济上很有效的。简而言之，生产基金可以即时转化的假设之所以行得通，就在于这样的转化对我们并没有什么太大的好处，因而利用这一假设也没有多大好处。

最后，我们可以根据前面的计算得出一些最终结论。某些统计数据和参数将来必须详细说明。因而必须规定一套确定这些数据和参数的方法，特别是用以确定 $\overline{K}$，也即确定调整了的生产基金与由于各种原因（物质磨损、陈旧过时、与需求结构不相适应等等）而造成的购置费用相比的大小的方法。

实际国民经济和抽象的模型之间的重大差别——多产品性质，缺乏生产基金的即时转化，以及有关这方面的最优决策（不单在该既定时刻，而且还在过去）的假设论据不足，使我们不能采用计算所得之值，作为确定投资效果定额实际值的可靠依据。但由于上述模型和现实之间的偏离经常导致投资效果定额的提高，而不是下降，这些数据在某种程度上是和康托罗维奇在前面所做的苏联经济中投资效果定额高（20%—25%或更高）这一直观判断相矛盾的。

考虑到这一指标对计划工作和经济计算的巨大重要性，我们认为由上述模型提供的新方法，可以用来作为计算投资效果定额的一种近似的但却客观的方法。

由于我们没有别的有效方法可以用来精确计算整个国民经济的投资效果定额，因而无法进行一项非常令人满意的验算，以便确定应用这些模型时，我们的计算精确到什么程度。但是，可以用别的模型（可以进行某种线性规划计算的单一产品模型和多种产品模型）来完成这样的比较。初步的计算表明，还可以通过对这样一些模型的分析，规定一套用来计算我们模型中某些参数($\overline{K}$、δ、β)的方法。这些比较也可以根据对一些更为复杂的模型，例如，类型Ⅲ模型的解析计算来进行(参阅康托罗维奇和哥里柯夫合著的"一种产品的模型的函数方程式"，《苏联科学院学报》，俄文版，1959年，第4期)，这些模型考虑了生产基金由于在它结构方面的不适应性而被废弃的可能。

9　再论根据单一产品的国民经济发展模型计算投资效果定额*

建立并计算基本建设投资效果定额的要点和方法的问题，是社会主义国民经济计划工作的最重要问题之一。因此，我们从某些理论上的假设出发，打算根据一种产品的国民经济模型和一些概括的国民经济指标，估算苏联国民经济投资效果定额具体数值的做法，将会引起各种反响和批评(其中也包括投资效果数学分析的奠基人之一的 A. Л. 鲁里叶的批评)，这原是意料中之事。鲁里叶的论文包含了一些正确的意见和分析，但是，某些反驳意见和假设，在我们看来是不正确的，我们觉得有必要再考察一下他的批评，使问题的讨论得到澄清。

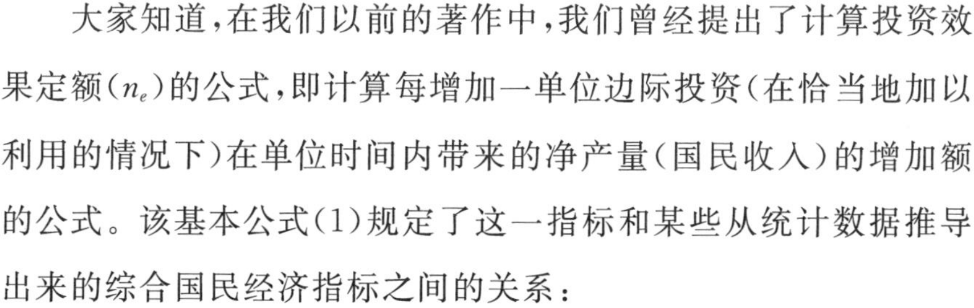

大家知道，在我们以前的著作中，我们曾经提出了计算投资效果定额(n_e)的公式，即计算每增加一单位边际投资(在恰当地加以利用的情况下)在单位时间内带来的净产量(国民收入)的增加额的公式。该基本公式(1)规定了这一指标和某些从统计数据推导出来的综合国民经济指标之间的关系：

---

* 作者为康托罗维奇和瓦恩斯坦，见《经济学和数学方法》，俄文版，1970 年，第 3 期，答 A. Л. 鲁里叶。参阅鲁里叶所著“关于投资效果定额的计算和单一产品的国民经济连续模型”，《经济学和数学方法》，俄文版，1969 年，第 5 卷，第 3 期。

$$n_e = \frac{\partial U(K,T)}{\partial K} = \frac{(1/P)(\mathrm{d}P/dt)-(T'/T)}{1-(V/P)-(T'/T)(K/P)}。\qquad (1)$$

式中，$P(t)$为净产量，或国民收入，我们假设它为可得到的生产基金（固定资产和流动基金）$K(t)$和劳动 $T(t)$的一个函数，也就是说，$P(t)=U[K(t),T(t)]$；$(1/P)(\mathrm{d}P/\mathrm{d}t)$为净产量的增长率；$T'/T$ 为劳动的增长率；V/P 为消费 V 在国民收入中的份额；K/P 则为生产基金与国民收入之比，或生产基金—产出比。

如果我们用 $\mathrm{d}T/T\mathrm{d}t$ 来替换 T'/T，同时从公式(1)求 $\mathrm{d}P$，我们就得到下述在经济上极其清楚的关系：

$$\mathrm{d}P = \frac{P}{T}\mathrm{d}T + n_e\left(P\mathrm{d}t - V\mathrm{d}t - \frac{K}{T}\mathrm{d}T\right),$$

这就是说，净产量的增长额为劳动力的增长所造成的增加额（第一项）与投资的增长所造成的增加额之和，减掉劳动力增长部分所需的消费，并减掉劳动力增长部分所需生产基金的增加额（用括号括起来的第二项）。

下述假设是建立这一公式的基础：

1. 函数 $U(K,T)$已经包含了最优解；也就是说，我们知道如何以最好的方式来利用可得到的生产基金和劳动（在既定的工艺和组织水平下），以便在单位时间内生产最多的产品。

2. 函数 U 为正值，且为一次齐次式。

3. 生产基金在单位时间中的增加额（增长率），等于净产量减掉用于消费的部分 $V(t)$。

4. 生产基金可以即时转化的假设意味着：生产者总是具有所需要的生产基金结构，而且这一结构就是最优结构，因为生产函数的结构本身就含有最优化的意思。

鲁里叶对我们的批评，基本上有这样三个方面：

1. 鲁里叶首先假设投资效果定额必须表示可允许的最低边际投资效果，通过我们论文中所提出的公式（$n_e = \partial P / \partial K$），他断定"投资效果定额不过是等于（一定时期中）"时间间隔 dt 内"平均效果的边际值"；因此，在任何同时进行的项目上，相对投资效果必然相等，并且等于投资效果定额。这样一来，"投资效果定额作为区别投资中哪些是应该进行的，哪些是应该避免的这样一种下限的作用就消失了"。

鲁里叶进一步认为，平均效果或增量的产出—生产基金比$\partial P(t)/\partial K(t)$必然取决于 $dK(t)/dt$，因为"在一定时期中进行的投资越多，同时它们的强度 $dK(t)/dt$ 越大时（换句话说，生产基金增长速度越快），则总投资的相对效果（平均效果）就越低"。但是我们在论文中并没有考虑到这一点。

首先，断言我们的建立在生产函数 $P = U(K, T)$ 基础之上的求投资效果定额的公式所求出的不是边际效果，而是不同于平均值的任何效果，那是没有根据的。(1)式中的基本关系是建立在公式 $n_e = \partial U / \partial K$ 的基础之上，从内容上看，它表示对于生产基金中一个无穷小的微小增量来说，在产量中的微分增长；也就是说，它表示了极限值。

鲁里叶提出的在我们的模型中是采用平均值而不是边际值作为投资效果定额的这个反对理由，也是不能成立的。因为如同在最优计划的论证中所表明的（不论是在康托罗维奇的著作中还是在鲁里叶本人的著作中），投资效果定额乃是在动态模型中被客观地决定的评价中的一种（被客观地规定的各不同组成部分的评价的某种组合）。因此，它对一切投资都具有同样的值；也就是说，在最优计划

(其中被客观地规定的评价和一个单一的投资效果定额具有概括一切的意义)中,所进行的一切投资都具有相等的,也是最大的效果,因此,它既是边际效果,又是平均效果,而且是独一无二的。从理论上说,在线性模型甚至多产品模型中,投资效果定额对一切工艺都是相等的。

当然,由于和理论上的线性动态模型有偏差(整数值,非线性,各种约束,非最优化,以及因为出现了新的工艺过程和需求而造成的更有效的投资的可能性),实际上,我们总是在投资效果定额的一定幅度内进行投资,但是,从本质上说,这一幅度很小;也就是说,关于一个相等的投资效果定额的假设,在实际情况中大体上是正确的。

由此可见,鲁里叶断言,“在任何时间间隔中,从而在任何既定时刻,进行建设的项目具有不同的相对效果——也就是说,具有不同的……增量的产出—生产基金比”,那是不符合现实的。

另一方面,我们可以设想,在绝大多数情况下,在投资效果定额的一个狭小的范围内进行投资,还是合理的,也就是说,这样做将不致离谱太远。平均值之所以不致超出边际效果很多,是因为在绝大多数情况下,高效率的投资在过去一段时期内也往往是很有效的,因而早就应该进行此项投资了;效率较差的投资则在将来一个较长的时期内也不宜进行,除非是某些根据特殊考虑有必要修建的项目(例如,出于国防或对外政策的考虑)。因此,在一个合理的计划中,平均值和边际值将非常接近,二者基本上相等。

对离散的动态的最优模型来说(在这些模型中,用线性规划的方法求出了投资效果定额的确切值),可以在简化了的连续模型的基础上,利用我们的公式检验投资效果定额计算的精确度。例如,在康托罗维奇的简单四年动态模型中,利用我们的基本公式(1),通过适当的计算,可求得投资效果定额=0.371,而在离散的模型中，求得的投资效果定额为0.36。

普萨诺娃对一个不同于我们连续模型的离散的单一产品模型（它不具备生产基金的转化，也不考虑生产基金在经济上的过时），进行了某些比较。离散的模型和动态模型所求得的结果非常近似：通过被客观地决定的评价而算得的投资效果定额和按照我们的公式求得的投资效果定额二者的差额，十次中有九次波动于零与7.4%之间，有六次波动于零与2%之间。[①]

上述例证表明，在许多情况下，简化的公式可以求得令人满意的结果。

鲁里叶把我们模型中对净产量与投资强度之间的关系的处理（具体地说，P 和 n_e 与 $\mathrm{d}K/\mathrm{d}t$ 无关）看作是我们模型的另一缺点。[②] 我们不能同意这一意见，因为 P 和 n_e 取决于 K，因而对于

① 普萨诺娃求出了通过被客观地决定的评价而算得的投资效果定额和用我们的公式算得的投资效果定额二者之间的下述比值：对于不考虑技术进步的方案（$\rho=0$），为0.996；对于考虑技术进步的方案（$\rho=0.02$），则为1.021。

Л. А. 波诺马里娃也就一个多产品模型根据她的三年的数据而进行了类似的比较。计算结果如下：通过被客观地决定的评价而算得的投资效果定额为0.26—0.41，而就连续模型算得的投资效果定额则为0.32—0.41，也就是说，二者非常接近。

② 按照鲁里叶的意见，投资效果定额应该"表示产量强度（即产量的增长速度 $\mathrm{d}P(t)/\mathrm{d}t$。——译者）的增加与投资强度（即投资的增长速度 $\mathrm{d}K(t)/\mathrm{d}t$。——译者）的增加二者的极限比值"，他用以下的数学公式表达了这一定义：

$$n_e=\partial\frac{\mathrm{d}P(t)}{\mathrm{d}t}\Big/\partial\frac{\mathrm{d}K(t)}{\mathrm{d}t},\text{式中}\frac{\mathrm{d}P(t)}{\mathrm{d}t}=f\left[\frac{\mathrm{d}K(t)}{\mathrm{d}t},K(t),T(t)\right]。$$

但是，他并没有详细阐明这一定义，而且也未指出该定义赖以建立的模型。我们从何得出函数 f，以及如何推导投资效果定额，也完全不得而知。顺便指出，连鲁里叶本人对这些也不清楚。投资效果定额的这一定义与鲁里叶以前提出的定义差异极大，以前他曾提出一个旨在将前一时期（t 时期）中任何种类资源的消费，约简为 t_i 时期中所消费的同样资源的公式：$V_{np}=v(1+E)^{t_i-t}$，式中 E 为投资效果定额。鲁里叶没有解释这两种定义之间的关系。

$\mathrm{d}K/\mathrm{d}t$ 的依赖关系就不是很明显的。没有必要引进这一直接的对 $\mathrm{d}K/\mathrm{d}t$ 的依赖关系，即对投资份额短期波动的依赖关系，因为实际上，投资效果定额不会有短期的波动，因而不会对实际投资效果产生显著的影响。这一概念是和投资效果定额作为长期定额的意思相抵触的；投资效果定额在长时期上的变化会对生产基金的大小（生产基金本身）产生影响，因而在根据我们的公式求得的投资效果定额中，清楚地反映了这一点。

在我们的文章中，我们假定全部可得到的投资（它等于净产量和消费之间的差额），实际上都完全转化为生产基金的增长额。许多国外知名的经济学家都遵循这一准则进行研究（如 R. 斯通、H. 郝萨克尔、L. 泰勒）。但鲁里叶建议用 $\mathrm{d}K/\mathrm{d}t=\varphi(P(t)-V(t),t)$ 来代替这一准则。

按照鲁里叶的公式，生产基金的增长额并不等于可得到的投资，而仅仅是后者和时间的一个函数；这就是说，可得到的投资并不是立即转化为生产基金的增长额，而是在一段时间中不完全地转化的。函数 φ 是从经济上说明投资的“相互联系”的特点的，但该函数的实质是什么，它是几维函数，这些都不清楚；如何对该函数进行推导，也没有说明。这一建议无助于研究的深入和提高。

2. 鲁里叶的第二类意见是关于模型及其改变的假设和前提的。鲁里叶反对我们关于国民收入生产函数为一齐次一次正函数的假设。他只提出了一条非常一般的意见，即由于大规模生产的优越性，如果生产基金和劳动同时增加 λ，通常必然会带来产量更大的增长。但鲁里叶在做这样的批评时忘记了一点，在扩大生产规模的同时，也将利用一些条件较差的自然资源（这一点他自己也是承认的），原料和燃料供应的运输费用，以及成品的装运费用，都会有不小的增加，这样就将造成净产量的减少。特别是在农业、食品工业和轻工业中，这种情况更会降低大企业的优越性。作者并不认为，大生产的效果，就国民经济来说要比就某些工业的个别企业来说低很多。

在线性模型中，齐次生产函数的假设是一种有用的并且符合要求的近似法。当然，对个别工业来说，可能发生非齐次关系；但是，正如苏联和国外的一些论文所表明的，就整个国民经济来说，这一假设的散度是很微小的。

为了估计适当的修正值的大小，我们假定生产函数不具有一次齐次性：

$$U(\lambda K,\lambda T)=\lambda^{1+v}U(K,T)。$$

然后，重复对齐次模型进行运算，我们得到以下求 n_e 的公式：

$$n_e=\frac{\frac{1}{P}\frac{\mathrm{d}P}{\mathrm{d}t}\quad(1+v)\frac{T'}{T}}{1-\frac{V}{P}-\frac{T'}{T}\frac{K}{P}}。$$

从结果来看，这一修正只是使 n_e 稍微降低一点，因为国民经济作为一个整体来说，v 只具有 0.5 的次数。此外，如果我们考虑到非一次齐次性的可能，就将得到较小的 ρ 的值，这又会提高投资效果定额。因此，和由于技术进步而引起的修正合在一起（这一修正将使投资效果定额的值降低），由于齐次生产函数的假设而引起的修正，不会对最终计算产生任何重大影响。

在我们的论文中，对技术进步的估计是这样实现的：把乘数 $e^{\rho t}$ 引入净产量生产函数公式，同时应用一个科布—道格拉斯函数

来推导一个 ρ 的数值。

这两项做法鲁里叶都表示反对。他认为，对这一因素的考虑，不能基于“把一个均衡增长的乘数简单引入(生产函数公式——康托罗维奇和瓦恩斯坦)；因为函数的性质和形式本身就在变化”。他建议用 $P(t)=U(K(t),T(t),t)$ 来代替我们采用的国民收入生产函数 $P(t)=e^{\rho t}U(K,T)$。在该函数中，没有考虑 U 和 t 之间的关系的形式和性质，这就排除了任何数字计算的可能性。

但是，线性的和指数的(对数线性的)关系是能够说明这一问题的最简便的形式，因为在指数函数形式下技术进步的影响是逐年均衡增长的，它代表一项简单而可接受的接近现实的近似值。国外和苏联的经济学家(萨缪尔森、索罗、丁伯根、米哈列夫斯基及其他一些人)通常都采用技术进步的这一表现形式。一般说来，引用革新和发明成果要分阶段进行，持续许多年，从而决定了在这一指数增长上的稳定的相对影响。[①]

我们采用的技术进步公式可以用以下方式来论证。

我们用最一般的形式来考虑随着时间而发生的技术进步的影响，在生产函数中引进一个对时间的相关性。于是我们便有 $P(t)=U(K,T,t)$。

在靠近 t_0 点的某一段时间间隔中，我们可以用一个指数函数

---

① 丹尼生在研究“知识的进展”对国民收入增长的影响时，得出了这样的结论，在1950—1962年的时期中(以及在此以前，在1925—1950年的时期中)，“知识进展的速度大致是均衡的，时滞的变化也很小”。在“知识的进展”这一名目下，作者不仅把工艺的进步，而且把组织和管理知识的提高都包括在内。丹尼生认为，时滞就是新知识出现(发现、发明等)和将它应用于实践二者之间的时间间隔。

来近似地表现 P 对 t 的明显的相关性，对于函数

$$U_1(K,T,t)=e^{\rho(t-t_0)}U(K,T,t)$$

来说，要这样来选择 ρ，即要使下述关系得以成立：在 $t=t_0$、$K=K_0$、$T=T_0$ 时，$\mathrm{d}U_1(K,T,t)/\mathrm{d}t=0$。

在这样的情况下，如果靠近 t_0 点，同时由于齐次性的假设，即使 K 和 T 发生了很大的变化，但只要它们的比率变动不大，那么，U_1 将只是轻微地取决于 t。因此，我们可以近似地考虑，U_1 与 t 无关，这就是说，可以与 $U_1(K,T)$ 互换而写成：

$$U_1(K,T,t)\approx e^{\rho(t-t_0)}U_1(K,T)。$$

由此可见，在技术进步方面的假设前提，代表了一种在通常情况下可行的把这一关系进行近似简化的方法。

最后，鲁里叶认为，像我们的处理那样，用科布—道格拉斯公式的最简单形式($P=e^{\rho t}K^{\alpha}T^{1-\alpha}$)来表示国民收入函数，一般来说是不恰当的，因为在他看来，使各要素(K 和 T)的指数之和等于1，这是不符合现实的。

很多知名的国外经济计量学家和苏联经济学家都已采用科布—道格拉斯函数作为国民收入或国民生产的近似表现形式。特别是科尔内在他的专题著作中(该著作在匈牙利和我们的著作在同一时间发表)，提出了一个在形式上和我们所提的完全一样的国民收入生产函数，通过该函数，他计算了12年时期(1951—1962)中技术进步的影响，得到了令人满意的结果。

我们只是利用科布—道格拉斯公式对参数 ρ 进行最初的估算，它反映了技术进步。但是它并不代表分析中的基本前提；毋宁说，它具有补充的意义。一般来说，不求助于这一公式，而从别的

考虑来推导 ρ，还是可能的。

我们的反对者还提出了另外的与科布—道格拉斯公式有关的意见。它涉及这一事实，即在我们的论文中，通过科布—道格拉斯公式算得的投资效果定额与通过基本公式算得的投资效果定额之间，存在着显著的差别（分别为 0.13 与 0.22）。在利用科布—道格拉斯公式（$n_e = \alpha P/K$）计算投资效果定额时，我们采用了 Б. Н. 米哈列夫斯基和 Ю. П. 索洛维也夫的三要素生产函数模型；但是在从三要素模型转到我们的两要素模型时，第三要素（自然资源）的影响是按比例地分配到另外两个要素，虽然从经济上说，如果像通常做的那样，把它和生产基金联系起来，那将更正确一些。经过这样修正以后，我们得到 $\alpha = 0.459$，而不是先前所采用的 $\alpha = 0.382$。于是 n_e 就从 0.13 提高到 0.151，必须承认，这一结果对该情况来说是正确的。

重要的事情是，用科布—道格拉斯公式求得的 0.151 的投资效果定额，绝不应和用基本公式〔即本书第 94 页的公式(7)〕求得的 0.22 的定额相比较，像鲁里叶的错误做法那样，而应和我们通过考虑了技术进步的基本公式〔即本书第 95 页的公式(8)和第 99 页的公式(11)〕而求得的定额相比较，因为米哈列夫斯基—索洛维也夫方程也是在考虑技术进步的情况下得出的。[①] 用公式(8)和公式(11)求得的投资效果定额分别为 0.146 和 0.166，与通过科布—道格拉斯公式而推导出的 0.151 的定额非常接近。和先前计

① 诚然，在我们的论文中没有规定这一点；但鲁里叶如果翻到我们引用材料的出处，他自己是应该看到这种情况的。该方程的末项直接表明了技术进步影响的程度。

算的 0.13 的值差别也不很大。

3.第三类批评是有关我们计算的数字结果的。鲁里叶认为，康托罗维奇以前凭直觉提出的投资效果定额 0.20%—0.25%高于作者通过模型而求得的估算值，这样的定额是夸大了。

即使只提出了投资效果定额的一个近似值，也是具有极为重要的实践意义的。因此，我们在论文中介绍了一些公式(这些公式是在考虑了各种不同因素之后得出的)，并且从它们之中设计了一个相对来说最可靠的公式，这一公式考虑了正、负两方面的一切修正，它是公式(8)与公式(10)的合并形式(参阅本书第 95 页及第 98 页)：

$$n_e=\left[\left(\frac{1}{p}\frac{\mathrm{d}P}{\mathrm{d}t}-\frac{T'}{T}-\rho\right)(1+\beta)^{\mu}\right] \Big/ \left[1-\frac{V}{P}-\delta\frac{\overline{K}}{P}-\frac{T'}{T}\frac{\overline{K}}{P}(1+\beta)^{\mu}\right]。$$

将表 8-1 和表 8-2 的相应数据代入公式，可得 $n_e=0.20$。

需要指出，在投资效果定额的这一计算中，已经考虑了正常的二年时滞，因而只是在超过这一时期时，才需另行处理生产基金被冻结的问题。

尽管这些计算带有明显的试验性，数据不充分，而且模型的假设条件与现实经济之间也不完全一致，但我们仍然认为，采用我们算得的值 0.2 作为投资效果定额的近似值是可行的。

这样做与我们以前提出的投资效果定额在 0.20%—0.25%的范围内的直觉意见并不抵触，因为直到现在为止，投资潜量已经大大增加，一些具有高效率的新的大型项目已经逐步动用投产，结果，当然会使近年来的投资效果定额下降不少。最近几年中技术的巨大进步，也在同一方向起着作用(参阅本书第八篇论文中考虑和不考虑技术进步的公式)。

我们取 $n_e=0.2$ 作为投资效果定额的近似值，同时相信，由于以下诸原因，投资效果定额实际上应该稍微偏高一点。

模型假设了在现实经济中生产基金的最佳利用，而这种情况实际上是不存在的。在模型中采用多种产品将大为增加投资的内部联系，并减少任意反应，这就必然会提高投资效果定额。消除非最优化的影响(存在着非最优化的决定，不合理和比例失调等情况)，能在转换到最优政策的进程中，为最有效地利用投资开辟新的可能性，也会因此而导致投资效果定额更高的值。

从一个非最优化制度转换到一个最优化制度，将使国民收入增长率增加。按照我们计算投资效果定额 n_e 的公式(1)，这也将提高这一定额。

上述各项修正(这些修正会提高投资效果定额，并定能有助于最优化经济)显然大大超过了用我们的公式算得的平均投资效果定额与鲁里叶所提倡的投资效果定额之间的差额；而且由于这些修正，投资效果定额可能最终将高于我们以前所计算的。鲁里叶也转弯抹角地承认了这一点，他写道：

“……应该指出，所采用的统计数据说明了一种不符合最优化要求的国民经济增长过程的特点，……这种国民经济必然会降低投资的整个效果。因此不能肯定说，如果国民经济的发展能够更接近地符合最优经济决策模型的前提条件，$\partial P(t)/\partial K(t)$ 这一比值(即我们的投资效果定额——康托罗维奇和瓦恩斯坦)就不会大大提高。”

我们曾经按照公式(1)计算了仅仅包括国民经济中两个部门(工业和建筑业,用实际价格表示)的这个组在两年(1966—1967)间的平均投资效果定额。算得的投资效果定额等于0.243,而我们以前就整个国民经济而算出的投资效果定额为0.22〔参阅本书第94页公式(7)〕。

由此可见,用我们的基本公式算出的由两个部门组成的这个组在两年中的实际平均投资效果定额,证实了我们以前就整个经济进行估算的正确性,从而也证实了我们曾经采用并提倡的投资效果定额最低值 $n_e=0.2$ 的正确性。(虽然计算只包括两个部门,但这两个部门占了投资的一半以上,并提供了一半以上的国民收入。)

*　　*　　*

总的来说,我们觉得鲁里叶的文章在方法论的探讨上,提出了一些有意思的见解,但对用于投资效果定额的分析和大致计算的数学模型,却提出了不合理的苛求。当然,我们的文章在许多方面都是极不成熟的;它以简化的假设条件作为依据,只得出了最近似的结论,但我们的对手对这些结论是考虑不够的。

科学的发展史表明,科学研究(特别是科研的设想)在缺乏适当的资料、不完全的分析,以及科学的阐述和所研究的现象之间仅仅只有部分的一致的情况下,它所依据的往往是一些大胆地简化了的假设。

耐久性的工艺计算和液体流动的计算,200年来都是依据奥伊勒和伯努里首创的简化一维模型;只是随着电子计算机的出现,我们才根据弹性理论和水力动力学理论采用了一些精确的方程组。在技术科学的许多领域里都可以看到类似的情况。实践也已表明,

在研究一些尚无恰当指标且资料不全的具体经济问题，以及做出对这些问题的决策时，利用简化的数学模型是可能的，也是合适的。

诚然，鲁里叶在原则上承认，“如果断言根据康托罗维奇和瓦恩斯坦以前在他们的论文里所提出的条件而决定的简化连续动态模型及其修改，不能作为某些经济问题理论分析的工具，那是不正确的。但应十分慎重地对待从这些模型得出的结论”。

然而，受到批评的论文的作者在介绍他们的研究成果时，已经表现了高度的慎重和小心。论文中所提出的一些建议都已指出是极不成熟的，还附加了许多保留和各种公式。作者在结论中写道：“当然，要把任何一种最后结论都以我们所做的计算为依据，还为时过早。某些统计数据和参数需要进一步详细说明。必须想出一种确定它们的方法……”

当模型被进一步发展时，可以考虑许多第二级因素和小的修正，并在模型中加以引用。但这一情况并不会使模型的基本思想受到怀疑。

宏观经济模型提供答案的粗糙性，由于下述事实而有所改善，即这些模型是用来计算很多综合统计指标的，这些指标颇为稳定，同时因为可以相互抵消偏差，因而还是比较可靠的。而且进入我们模型的各种参数(例如国民收入增长率、劳动增长率、生产基金增长率、消费在国民收入中的份额)都是可以通过统计确定的，也是每一位经济学家都熟悉的。但是，鲁里叶的修正和建议却既没有阐明它们的结构和功能，而且一般说来，也无法填入数字内容(即便它们在数学方面确实有某些优于我们公式的地方)。顺便指出，我们的对手从来也不打算提出什么用于计算的公式；相反，他的关于所谓投资效果定额的分析计算缺乏实质内容的论证，只是表现了一场数学上的混乱。我们还在这样一个方面看到了我们模型的一个重大优点，即它可以用于投资效果定额的实际计算；在当前发表的统计数据不是很充分的条件下，比较复杂的模型是行不通的。我们所提出的公式是有价值的，因为从中可算出投资效果定额的大小，这些公式所提供的结果已被德意志民主共和国、波兰及其他一些国家所采用。除了实践上的应用以外，我们所提出的算法无疑也具有方法论方面的意义。我们的模型使得对影响投资效果定额各因素（时滞、技术进步、折旧和陈旧过时等）的分析，以及通过投资效果定额而对其他指标的分析进行数量上的考察成为可能。

鲁里叶建议用什么来取代我们的模型呢？用凑数法（method of trial and error）。他写道："……考虑了计划的投资额、国民经济的部门结构和劳动力的增长后，就可以确定一个或多或少是适当的投资效果定额之值（我们从何处得到它呢？——康托罗维奇及瓦恩斯坦）。从这个值开始，计算出国民经济计划方案……通过与实际可能性相比较，我们确定是要增加还是减少投资。如果投资出现'短缺'，就提高投资效果定额；如果投资'过剩'，就降低投资效果定额。经过几次反复试算（原文如此），将能得到一个近似值（着重点是我们所加——康托罗维奇及瓦恩斯坦），这个值在以后还必须修正。"

由此可见，鲁里叶的方法要求就许多投资效果定额的值计算很多详细的国民经济计划方案，以求达到一个仍然是极为不确切的这一系数的值。这是一个劳动强度很大的过程，至少在最近几年中，是不可能实行这样的方法的。

但是,我们的简化方法却是建立在一个合乎逻辑地设计出来并且颇为全面的模型系统的基础之上的。尽管它还具有不完备的地方,并且在使用时有些统计上的困难,但是,就目前来说,它仍然不失为少数几个真正可行的,同时在某种程度上说,经过科学论证的计算投资效果定额的方法之一;因此,尽管鲁里叶对它横加指责,它仍然可供利用,并将得到进一步的发展。

10　投资效果的评价*

在进行基建项目的工艺计划过程中，当决定采用何种设计及计划方案时，总是需要把一次性支出（投资）和经常性支出（经营费用）比较一下，以便得到一个能使各类社会支出最有利地结合起来的答案。经济问题中有这样一个典型特点，即通过增加投资可以降低经营费用。这一特点，很自然地使得计划人员和设计人员试图确定能够保证这些费用合理结合的某些原则。早在20世纪20年代，“投资效果定额”的问题就已在苏联得到充分清楚的阐明。到了30年代，工程师和设计人员（主要是在能源部门和铁路运输部门工作的）系统地提出了投资效果定额的思想：它是计划工作的一项标准，它表示投资中资源的社会价值，同时，也规定了在每一特殊情况下资源消耗的适当水平。

在苏联，后来的分析又揭示了“投资效果”问题与社会主义经济最优化规划和经营的一般思想之间的基本联系。数学规划的发展，使得有可能明确地根据最优线性（或更一般地说，凸形）规划来说明设计方案的选择这一传统问题。但不能因此就说，对生产要

---

* 作者为康托罗维奇、B. H. 波格切夫、B. Л. 马卡罗夫，见《经济学和数学方法》，俄文版，1970年，第6期。

素各资源最佳利用的研究，只有一种纯粹历史上的意义，即作为我们国民经济文献中系统地阐明最优化方法论的一种原始资料。虽然把一个给定数量的投资额分配给各个需要的建设项目的问题，只代表了合理利用稀缺资源这个一般问题的部分内容（在某些情况下，还是极度简化了的内容），但受生产要素的支配的最优化问题具有一种特殊重要性，这是由生产要素双重评价的经济意义决定的。投资效果定额在一组最优地规定的价格中占有特殊位置，后者决定着生产资源利用的全部经济意义，同时还决定了作为一种重要货物的时间的经济价值。由于投资最优价格所具有的经济意义及其在经济增长中的重要性，因而在生产过程中“投资效果”的问题（更确切地说，从数量上来确定正确地说明以及恰当地应用投资效果定额的问题），就在最优化规划各种问题的总体中，获得了一种独立的而且在某种程度上还是第一性的意义。①

由于投资效果定额这种影响全体的特点和十分重要的经济意义，以及苏联经济文献中它的理论分析的丰富传统，还在经济问题的最优化规划方法获得广泛重视很久以前，在实际经济计算中就已采用了最优化分析的这一范畴。1959 年，“确定新技术中投资经济效果的标准方法”被公布，该项方法是在一次全苏会议上经过广泛的讨论后产生的，它宣告了在一切情况下，应用效果定额 E 以选定投资方案的合法性，并且推荐求得“按可公度的条件计算的费用”的公式（$C+EK$）作为关键指标，这一指标能

① 值得注意的是，研究投资效果定额的文献，比研究计量任何其他资源（包括诸如劳动、土地、水等这样一些影响全体的资源）经济价值的问题的文献，多得不可胜数。

够保证局部决策和在整个国民经济范围内合理利用投资的一致。

“标准方法”所推荐的基本内容和各种最优化规划之间的联系是很明显的。首先，所引用的 E 的值规定得比折旧率要大得多——E 的值规定为 0.1—0.33，而且也不是在传统的经济计算的框框内来理解的。同时，在使直接成本为最小（按照标准会计方法计算）或者使收入为最大（在某些附加的假设条件之下）的极值问题中，利用 E 作为对有限的生产要素资源的最优化评价，也是理所当然的。“标准方法”还推荐定额 E 可以被用来换算发生于不同时间的费用和收入，使之成为可比项。这时，定额 E 就不能在传统思想的基础上来理解；它显然和劳动生产率的增长率，或者和生产要素的增长率，或者和传统的实践中所使用的任何种类的经济增长指标都不一致。最后，不难看出，可公度的 $C+EK$ 体现为有差别的与增长有关的费用的最简单形式，当然，只有在遵守从经济现实中高度抽象出来的各项特殊条件的前提下，它才是正确的。

但是，近十年来在这方面的研究现在停滞了，在应用上（以及潜在的应用上）比起过去要大得无可比拟的需求，迫切要求在方法论上有所发展，以使能在现有的技术和先进经验的水平上，说明有关投资方案的选择及其效果评价的基本问题。我们觉得，最近出版的“标准方法”第二版未能充分反映出问题的当前状态，它比第一版提高得并不多。

在本文中，我们试图填补这一空隙，阐明有关投资效果的方法论方面的诸原则。本文主要是从建设性的角度考虑问题；我们从系统地考虑投资方案效果评价问题的实质（而不是“标准方法”的结构）出发，来安排文章的内容。我们的主要关注点放在由最优化规划理论引申出的一般理论条件；我们认为，这些理论条件以及与此相应的计算公式，乃是旨在广泛用于实践的投资效果方法论的最基本内容。我们将顺便提及某些迄今尚未解决或者尚未充分论证的问题，并在一定程度上加以讨论。

我们觉得，这些原则既适用于未来方法论上的研究（例如工业投资效果的方法论），也适用于对实际条件中具体项目的效果的评价，在现有的方法论的基础上，后一项工作常常不能得到满意的解决。

当评价在迅速发展经济的条件下技术进步措施的效果，以及评价新产品的生产效果和采用新种类原材料及新工艺过程的效果时，特别需要应用确切的方法进行分析。

很明显，研究评价投资效果的方法论的思想和目的，在于提出一些分析投资项目的方法，它们在根据经济系统中各单位的资料进行的局部计算中，也将反映出从事该项投资会带来的全部国民经济效果。换句话说，“标准方法”必须提出这样一种选择标准，它能保证局部计算所做出的决策与国民经济的利益相一致。如果做不到这一点，它就没有完成任务。

这一中心的方法论思想立刻引起了许多问题。一般地说，是否可能无须将国民经济计划作为一个整体来考察，仅仅利用一个项目内所具有的资料，就可以评价该项具体投资的合理性？如果保证局部决策与国民经济计划完全一致（按照一项单一的标准来说）的诸条件中，有些遭到了破坏，是否还存在一些可以用来评价该投资项目的近似方法？

无须详细探讨问题的历史，我们就可指出，最优化规划和控制的现代模型包含了上述问题的答案，以及这些答案赖以成立的诸前提条件的系统阐述。

1. 最优化规划理论的某些推论

最优化规划的中心问题是寻求确定一个系统是否处于最优状态的(必要和充分的)诸条件。对于实际应用来说,这些条件应该易于验证,这一点极其重要。用凸性规划来求解这一问题,这是尽人皆知的。求解系根据对偶的理论(或者用另外的术语,根据有关最优决策特点的定理)来完成。我们可以指出,在以前提到的关于最优化规划的问题和上面讨论的评价投资方案的国民经济后果的问题之间,存在着众所周知的相似点。在第一种情况下,我们把一个经济系统作为一个整体而讨论了它的最优化诸指标;在第二种情况下,我们讨论的是确定在实施了某项基本建设方案之后,整个国民经济计划是否将有所改善的方法。但我们并不局限于讨论一些表面的相似点;依据凸性规划一般理论所系统阐明的最优答案的特点,我们能够找到估计投资方案效果的方法。

我们先要介绍从数学规划理论得出的某些结果,它们是下面的讨论所必需的。

用 $X\subset R^n$ 表示经济系统中生产可能性的集;$x\in X$ 表示用矢量 $x=(x_1,x_2,\dots,x_n)$ 说明的生产过程,其中 x_i 是在生产过程 x 中,(单位时间内)生产或消耗的产品 i 的数量。在最一般的形式下,极值计划问题可以用以下方法加以描述:给定一个 X 集和一个约束条件 $b=(b_1,\dots,b_{n-1})$ 的矢量,求出计划 $x=(b,\bar{\mu})\in X$,它能满足 $\bar{\mu}=\max\limits_{(b,\mu)\in X}\mu$。如果 X 为一任意封闭凸锥体,这一极值问题即相当于一般的凸形规划问题。

关于凸形规划问题最优解特点的定理。假定有一凸形规划问题$\{X,b\}$,它具有以下特点:(1)R^n 空间的负属于 X;(2)或者存在这样的 μ,它能使(b,μ)为 X 集的一个内点,或者 X 为一个多面集;(3)存在着这样的 μ',它能使$(b,\mu')\in X$。要使 $\bar{x}$ 为一最优解的充要条件是:存在着一组价格 $\pi=(\pi_1,\ldots,\pi_n)$,它能满足:1. $\pi\geqslant 0$;2. $\pi_n=1$;3. 对一切 $x\in X$ 来说,$\pi x\leqslant 0$;$\pi\bar{x}=0$。

如果封闭锥体 X 不是凸形的,则 1—4 各条件是使 $\bar{x}$ 为一最优解的充分条件,但不是必要条件。单单通过一组价格的特点,并不能详尽无遗地说明非凸形规划问题的最优解。

从上述定理可知,如果出现了(发现了或发明了)一个新的、没有在计划 $\bar{x}$ 中应用的生产过程 $\tilde{x}\in X$,则它是否应该包括进计划,决定于内部产品 $\pi\tilde{x}$ 与 0 的比较。如果 $\pi\tilde{x}<0$,那就存在着用新生产过程改善最优解 $\bar{\mu}$ 的不附带任何前提条件的可能性。如果 $\pi\tilde{x}>0$,那么,一般地说,新生产方法是可以应用的,[①]虽然许多在实践中很重要的问题尚未得到解决(例如,采用的量或者新生产过程的利用强度。)

下面行将介绍的评价投资方案方法的实质,在于用一个"过程"的形式来表示每一产品,评价投入和产出,求出它们的代数和,并与零进行比较。这同一原则也是(也许是无意识地)构成"标准方法"的基础。我们还要强调指出,在实际应用这一原则时,将会遇到许多困难。主要为:(1)$\pi\tilde{x}>0$ 这一条件,丝毫也不说明关于

① 如果一组价格 π 不是独特地被决定的,那就可能出现这样的情况,即使 $\pi\tilde{x}>0$,也不可能通过 $\tilde{x}$ 来改善答案。

过程 $\tilde{x}$ 的最优利用强度;(2)新方法 $\tilde{x}$ 可能包括一些并不进入计划 $\bar{x}$ 的投入和产出,从而将不能影响价值;在这样的情况下,$\pi\tilde{x}$ 式就失去了它的意义;(3)实际给出的最初计划可能并不能满足 $\bar{\mu}=\max\mu$ 的条件,同时,最初计划中所采用的价格(这些价格就是用来计算 $\pi\tilde{x}$ 的),也可能与符合上述定理中1—4各条件的最优价格相距甚远。

2. 计算绝对的投资效果的一般公式

在实践中,计算绝对的投资效果会遇到各种不同的困难,但在多数情形下,困难是可以避免的。首先,我们来考虑一个计算"纯粹形式的"投资效果的方案。

对于一任意过程 x 来说,πx 的值具有什么经济意义呢?大家知道,在最优化规划的模型中,所谓"组成部分"是指指定用于一定的地点和一定的时间间隔的各种产品、服务、劳动、自然资源,以及生产基金。矢量 $x=(x_1,\ldots,x_n)$ 包括在一定的时间间隔和一定的场所下的一切投入和产出。因此,$\pi x=\pi_1x_1+\pi_2x_2+\ldots+\pi_nx_n$ 的值,表示在整个使用时间中,利用过程 x 和价格 π 而得到的纯效果(利润)。正如下面将要表明的那样,计算或评价这一纯效果的值的不同方法,构成了确定投资经济效果的不同方法。

任何投资都可以用一个生产过程的形式来表示。说明投资的矢量 $x=(x_1,\ldots,x_n)$ 的各分矢量,表示一切可能发生的基建费用:建筑材料、建筑机械的使用、各种劳动、工程师及设计师等等。但是，在实际工作中，没有必要采用由如此零碎的投入分矢量所构成的矢量 x 来计算代表投资的 πx。投资过程可以用一个规模小得多的矢量来加以说明，该矢量的各分矢量是各个分段和（*partial-sum*）$\sum_i x_i P_i(t)$，而后者又是按照价格 $p_i(t)$ 计算汇总起来的在一定的时间间隔内（通常都采用在基建的一年过程中）的全部费用。不言而喻，这些价格必须和汇总起来的各项费用的发生时期相符合。但在实践中，当进行基建估算时（以及计算新建企业将来的收入时），并没有考虑费用发生的时间表，例如，不管一千块砖是在建设的第一年还是第五年用去，都等同地加以评价。我们不能批评这种现行的办法，因为除了在计算时所存在的那些价格以外，通常我们就不具备别的什么价格；下面我们行将讨论的计量"投资"效果的特定方法论，正是根据严格的理论上的需要与现实中实际可能性之间的这一差别而产生的。

我们可用一具有

$$(-K_1, -K_2, \ldots, -K_\lambda, 1\ldots) \quad (1)$$

形式的矢量来表示投资。式中，$K_t = \sum x_i P_i(t)$ 是在该建造目标的建设中所有的投入组成部分的总额，这些投入组成部分在 t 期（年）中使用，并按照价格 p(t) 计算和汇总起来，它们反映了第 t 期计划的条件；λ 是该方案的建设期，而 1 则表示该目标的完成这一事实。生产目标（它是建造费用的结果）代表着计划的一个新的组成部分；因此在它完工投产前的个别时期中，并不具有什么价格。但是，投资效果的计算又只有作为确定某一方案是否合理的一种方法，才是有意义的，这种计算必须先于开工建造，也就是说，在该目标从经济上得到评价以前，就得进行投资效果的计算。矢量(1)的前λ个分矢量仅仅说明了建造费用，但矢量(1)并不包含表现设计目标国民经济价值的分矢量，而国民经济价值是必须和费用进行比较的。

不过我们如果考虑到对社会生产设备任何要素的评价，都决定于它在最优计划中运转的条件和结果，那么，上述困难就不难得到解决。建成的设备的投入生产或运转，可用一个具有以下形式的矢量来加以说明：

$$(\ldots, -1, Ц_{\lambda+1}-C_{\lambda+1}, Ц_{\lambda+2}-C_{\lambda+2}, \ldots, Ц_{\lambda+T}-C_{\lambda+T}, Ц_{OCT}), \tag{2}$$

式中，负分矢量反映了由过程(1)建立的目标的生产性利用这一事实，$Ц_t$和C_t则分别表示按价格$p(t)$计量的在各相应的时间间隔中产量和经营费用的相应总额，$p(t)$表示各时期的经济环境，而经营费用就是在这样的环境下发生的，或者说，新建的设备就是在这样的环境下进行产生的。将矢量(1)和矢量(2)结合起来，就得到了一个综合的设备“生产和运转过程”，它可用矢量表示如下：

$$(-K_1, \ldots, -K_\lambda, \ldots, Ц_{\lambda+1}-C_{\lambda+1}, \ldots, Ц_{\lambda+T}-C_{\lambda+T}, Ц_{OCT}), \tag{3}$$

式中，投资目标本身表现为一种对外部生产(费用)来说，具有0价值的“中间产品”。在矢量(2)和矢量(3)中，T为设计中设备的运转期，$Ц_{OCT}$为按$\lambda+T$时期价格计算的残值。

(3)式中各分矢量的求和，只不过是内部产品$\pi\tilde{x}$的计算，我们在上面论证定理时，曾经把它说成是评价将过程$\tilde{x}$包括进计划的合理性的一种可靠而客观的方法(在分析投资方案时)。

当然,这两个计算过程的同一性决定于一个前提条件,即用来建立矢量(3)的各汇总的分矢量的一组动态价格 $p(t)$,应该具有动态计划模型的最优价格的各项特点。但实际上,正如我们所指出的那样,在实践中只能采用某个特定时期的一组价格,这组价格可能和最优价格相距很远。我们现假定,当进行计算时的该时期的一组价格可以满足必要的条件,或者我们有办法调整现有的该组价格,使之成为一组最优价格。这样一来,还剩下一个问题需要解决,即从计算时给定的一组静态的价格,过渡到可以用来计量未来的费用(基本建设费用及营业费用)和考虑中的设计项目的未来生产的价格。其中也包括确定投资效果的方法论的种种细节。

随着时间的推移,总水平将会下降,这是一组最优价格的基本特点之一。不考虑这一趋势,不同时期的费用和收入是无法进行比较的。很久以前,人们的普通常识和经济直觉就先于最优化规划的这一假设而预见到了这一点:长期以来,在实际经济计算中,人们习惯于把具有不同时间流程的同样大小的“有形”费用额,看成具有“不同的价值”,人们常常把时间上的贴现率作为效果定额 E,即用来公度基本建设费用和不断反复发生的营业费用的同一定额。我们将会看到,这样做并不是没有根据的。

设 E 为动态最优计划中总价格水平的年下降率。当然,在不同的时期,E 本身也是一个变数,但是,用某种平均值来替换一组最优价格总水平的实际下降率(它是每年都变化的),它所引起的误差,并不超过在预测未来的技术进步和别的动态经济因素时可能产生的误差,后者是在编制长期的最优国民经济计划时必须加以考虑的。如果矢量(3)的各分矢量是用进行计算时的那个时期的价格来表现的，则在把它们加起来时，首先必须“把它们贴现成”适当时期的价格。这项任务可以通过将每个第 t 年的分矢量乘以 $(1+E)^{-t}$ 而完成。在这样的条件下，计算生产过程效果 $Э=\pi\tilde{x}$ 的一般公式转化为下述公式：

$$Э=\sum_{t=0}^{T+1}(1+E)^{-t}(Ц_t-C_t-K_t+D_t-R_t)+Ц_{OCT}(1+E)^{-(T+\lambda)}。\tag{4}$$

除了(3)式中所采用的各符号外，我们在这里又使用了 R_t 和 D_t。因为如果像在当前计划工作实践中所做的那样来计算费用，则 C_t 和 K_t 并不包括社会租赁费用的分矢量，例如使用不能再生产的自然资源的国民经济费用(租金支付)，或消耗不能再生产的自然资源的国民经济费用(生产要素化了的租金)。R_t 就代表这一社会租赁费用的分矢量。D_t 则代表设计项目的“外部效果”，它没有反映在销售新设备所生产产品的收益中。这些外部效果包括：a. 劳动条件上的变化(改善或恶化)；b. 在进行其他投资的机会方面的改变(更为方便或更为困难)，例如，建立一个建筑基地，进入的道路，以及能改变该地区的条件的其他基础结构要素和进一步的建设工作等；c. 消费者在产品利用方面的效果，它等于作为被分析的单位的收入而计算的销售价格(等于在消费中利用单位边际产品而带来的效果)，与利用在该“最后的”产品或边际产品以前各产品所带来的实际效果之间的差；等等。很明显，这些租赁费用，尤其是外部效果(积极的和消极的)，只能大致地参与数值的确定，并且具有很大的困难。不过，如果我们借助于“扩大的过程的

矢量”(在这样的矢量中,投资的外部效果表现为被分析的生产过程中的中间产品),这些困难就可以大为减轻。

由此可见,将一个一般化了的价格随着时间而下降的平均率 $(1+E)^{-1}$ 应用于最初的该组价格,就可以通过计量所有的费用(直接的和间接的)及产量的分矢量来表现任何投资方案的效果。但是,我们应该看到,在一组动态的最优价格中,计划的各不同组成部分的价格是以不同的速度下降的。例如,铁路装运价格、机器系列生产的价格,以及许多新产品的生产价格,比平均下降率要下降得更快一些,而劳动力和某些原料的价格,则比平均下降率要下降得慢些。因此,把按计算时期最初时刻的价格算得的费用和收益,折算成考虑了价格变动的最终水平时,采用一个平均的乘数是不够的,合理的做法应该是:在必要时,对不同种类的产品和费用的分矢量的不同的价格变动,进行调整。如果具有足够的基底和必要的前提,在 C_t 和 K_t 的计算中采用这些调整,还是比较方便的。

如所周知,价格动态方面的差异,乃是工业部门要求效果定额应有所差异的未被承认的理由之一。既然各工业部门的一切产品和生产费用的具体价格动态都不一致,那么把这些差异考虑到工业的效果定额中去,是不合理的。对费用和产品的分矢量进行恰当的计算,是在计算中反映价格动态差异的合适方法。

由此可见,(4)式是确定投资经济效果的最一般公式,它完全符合将 πx 与零进行比较的原则,当然,这需要一个前提条件,即用来计算(4)式中各分矢量的价格,对于动态计划的最初年份来说是最优价格(只要大致上如此就行),同时,该组最优价格的动态接近于年平均下降率$(1+E)^{-1}$。

3. 简化一般公式以适应实际应用

在(4)式中采用一些能够简化该式的假设，就可以得到几个便于实际应用的特定情况。首先，这将影响最小化标准 $C+EK$，而这一标准乃是来自 1959 年“标准方法”的唯一明确的计算公式。在第二版中，通过 $C+EK$ 来计算费用，仍然是用来分析几个可供选择的基建方案的唯一计算方法。第二版中所介绍的其他一些公式，是在确定了所选择的方案后，用来计算现有资金的利润率的。

首先，我们看到，$C+EK$(5)这一标准是用来评价几个可供选择方案的所谓“相对”效果的一种具体方法。在计算投资效果问题的这一具体列式中，我们假定，几个可以根据(5)式进行比较的可供选择的方案，它们在基本生产和“辅助”生产的数量和组成方面，以及在提供产品的时间等方面，都具有相同的国民经济效果。在这样一些假设下，(3)式类型矢量的各个正的分矢量就彼此一样了(“国民经济效果同一性”准则)，被比较的几个可供选择的方案的区别，仅仅在于(3)式中负的费用分矢量的大小。于是基本公式(4)就成为：

$$Э_{cp}=\sum_{t=0}^{\lambda+T}(1+E)^{-t}(-C_t-K_t-R_t)。\qquad(6)$$

而且不言而喻，在一组具有相同的国民经济效果的投资方案中，应选择具有最大的 $Э_{cp}$ 值的那个方案。

(5)式的经过贴现的费用，实际上是(6)式在下述条件下的一个特殊情况：

a. 所评价的方案的使用时期是无限的（$T=\infty$）。

b.（5）式中所评价的各个方案的生产费用的结构和水平并不随着时间而变化，同时一切费用分矢量的价格都具有相同的动态。

c. 投资是在设备动用前的一年中进行的。

d. 在建立和动用设备时，没有使用不能再生产的资源（即没有租赁分矢量）。满足（a）—（d）各条件，意味着 $\lambda=1, K_t=K, C_t=C, R_t=0, T=\infty$，（6）式即转化为

$$Э_{cp}=-C\sum_{t=0}^{\infty}(1+E)^{-t}-K=-\frac{C}{E}-K。\qquad(7)$$

很明显，使（7）式之和为最大，等于使（5）式被贴现了的费用为最小。

我们必须看到“相对”效果方法诸前提条件的人为性和极端严格性。在实践中，当进行技术—经济计算时，在许多情况下，需要在产品的数量和构成（或者在产品的生产时间长短）都不相同的方案中进行选择。在这样一些情况下，严格地说，“相对”效果的方法是不适用的。此外，投资方案的确定和计划，往往必须分析研究一些在国民经济效果的性质和规模上都迥然不同的投资趋势，要将它们还原为“同一效果”的条件，实际上是一个无法解决的难题。我们觉得，一般来说，对投资的总的或“绝对的”效果的衡量，必须看成是分析投资方案的基本方法，而“相对”效果的分析，只是在选定个别技术装备分矢量的技术方案的过程中，起着辅助的作用。在（a）—（d）的各项假设下〔再加上一个条件（e）：在投资方案的整个使用期，生产水平保持不变〕，计算“绝对”效果的公式（4）成为：

$$Э=\frac{Ц-C}{E}-K。\qquad(8)$$

(7)式和(8)式类型的公式已被广泛应用于经济计算的实际工作中，但“标准方法”推荐公式的“大量消费者”很少认识到，这些公式只有在(a)—(d)的各项假设下，才是正确的，而在实际经济中，这些假设条件常常是不能满足的。不论是长期投资还是用于建立和动用使用寿命较短的固定资产的费用，都被评价为已贴现了的费用。同时对建设期较长的对象和对费用几乎立即可体现在可马上使用的设备上的投资(例如用于购置大量生产的设备的投资)，都不加任何修改地应用这个公式。当投资方案的实际条件与(a)—(d)各项假设不相符合时，自然就会出现由于采用这些公式而造成的误差程度问题。

首先，大多数设计中的设备都具有下述特点，即在使用时期中产量变化不定，同时营业费用也相应地变化不定。考虑到这些变化的动态，(8)式可采取稍为复杂一些的形式：

$$Э=\sum_{t=0}^{\infty}(Ц_t-C_t)(1+E)^{-t}-K。\qquad(9)$$

这种考虑基本指标(尤其是在评价“相对”效果时考虑营业费用)未来动态的方法，已在实践中加以采用，例如，在选定铁路方案时，就应用这种方法。当基本建设费用具有周期性而不是一次性时，也可以采用这种方法。用于贴现费用的公式，如果要考虑经营费用和周期性投资的变化性，就会变为如下的形式：

$$-Э_{cp}=\sum_{t=0}^{T}C_t(1+E)^{-t}+\sum_{t=0}^{T}K_t(1+E)^{-t}。\qquad(10)$$

在对方案进行技术—经济评价方面具有较高水平的一些工业部门中，上述公式是为人们所熟知的。如果我们不考虑在评价“计算时期”T 方面的不明确性，以及缺乏在有限的使用年限下计算折旧的任何指示这一情况，从原则上说，(10)式的计算方法是能满足理论方面的各项要求的。

对公式(5)和公式(8)的第二个重要的简化是：假设评价中对象的使用时期是无限的。如果使用时期是 25—30 年，或者更长，这一假设是完全没有问题的。在一个这样长的时期中，用(6)式和(7)式算得的营业费用在价值上的差异，微乎其微，可以略去不计。但是，如果使用时期不长，比方说，如果不超过十年，我们就不能忽视这些差异。

如果评价中对象的使用时期是有限的，但对其余的简化条件(b)—(e)都能满足，则投资效果可用以下公式计算：

$$Э=Ц-(C+A+EK), \tag{11}$$

式中，C 为不包括更新回扣的年度营业费用〔不言而喻，在(8)式的使用时期是无限的这一假设下，更新回扣等于零〕，A 为营业费用的折旧分矢量，按下述公式计算：

$$A=\frac{EK}{(1+E)^{T}-1}。 \tag{12}$$

公式(11)是按下述程序由(8)式形成的。在(b)—(e)各项假设及 T 为有限值的条件下，我们由(8)式可得：

$$Э=(Ц-C)\sum_{t=1}^{T}(1+E)^{-t}-K。 \tag{13}$$

如果引用下述符号：

$$y=\sum_{t=1}^{T}(1+E)^{-t}=\frac{(1+E)^{T}-1}{E(1+E)^{T}},$$

则(13)式可写成：

$$Э=(Ц-C)y-K;\frac{Э}{y}=(Ц-C)-\frac{K}{y}=Ц-C-EK$$

$$-EK(\frac{1}{Ey}-1)=U-C-EK-\frac{EK}{(1+E)^{T}-1}。$$

方程式中的最后一项，补充了公式(7)与公式(8)之间的联系。

在(a)—(e)各项简化条件中，人为性最明显的莫过于第(c)项了，该项条件假设在一年的间隔内，投资就能体现在可立即交付使用的设备之中。将公式(5)和公式(8)应用于有时修建期十分长的实际方案时，就会在投资效果之值或者实现这一效果的费用方面，造成特别严重的歪曲。

保持(a)、(b)、(d)、(e)诸条件不变，但将条件(c)改变如下：修建期等于λ，且每年“吸收”的投资为一不变量。于是极其简单的公式(8)就成为：

$$Э=(Ц-C)\sum_{t=\lambda}^{\infty}(1+E)^{-t}-K\sum_{t=0}^{\lambda-1}(1+E)^{-t}。$$

将方程式右方乘以$(1+E)^{\lambda-1}$。经过变换后，可得：

$$\frac{Ц-C}{E}-(\frac{(1+E)^{\lambda}-1}{E})\frac{K}{\lambda}。$$

最后，我们得到：

$$Э=Ц-(C+\frac{(1+E)^{\lambda}-1}{\lambda}K)。\qquad(14)$$

计算修建期为λ年的投资效果的这一公式，与公式(5)和公式(8)有着同样的结构。贴现了的费用决定于年度营业费用与被乘以某系数的投资费用的相加。由于考虑修建期的长度而增添的繁杂性在于下述事实，即基本建设费用不是根据效果定额，而是根据乘数$\frac{(1+E)^{\lambda}-1}{\lambda}$进行贴现,后者的值同时决定于 E 及修建期 λ 二者的值。

引用系数 $Э'$ 的概念来从数量上评定特定投资的效果,是很有用处的,$Э'$ 就是在满足

$$\sum_{t=0}^{T}(Ц_t-K_t-C_t)(1+x)^{-t}=0$$

的前提下,最大的正 x 的值。

很明显,对于高效率的投资来说,$Э'\geqslant E$;对于低效率的投资来说,$Э'<E$。换句话说,$Э\gtreqless 0$ 的标准和 $Э\gtreqless E$ 的标准是同意义的。

投资的“绝对”效果主要决定于计算中所采用的产品价格。关于未来设备所生产产品价格的假设,并不总是有充分根据的。当比较生产一种产品的各生产方案时,应包括价格的影响,即通过单位产品的贴现费用来评价“相对”效果。但如果必须评价投资的“绝对”效果,而我们又不能肯定产品价格具有充分的根据时,我们必须按照下述为新产品的生产规定的方法来计算进行该项投资的效果。我们将看到,1967 年所进行的价格审定,和后来在价格形成方面所做的改进工作,尤其是正在计划中的价格动态的预测,有利于解决正确计算基本建设费用的投资效果问题。

4. “绝对”效果计算中的几种特殊情况

现在我们回到以前谈到的复杂条件(设计中的设备是打算用来生产一种并不具有价格的新产品的;不仅必须评价投资的合理性,还必须确定最有利的投资量,也就是说,找出新产品生产的利润的

最优强度[*]；计算中所采用的一组价格，偏离最优价格甚远；等等）。当所分析的情况与公式得以成立的假设条件之间有着巨大差别时，不假思索地沿用老一套的计算方法只能造成危害，因为任何答案只是在特定的情况下才是正确的。

我们且来考虑这一经常遇到的情况，这时，投资的结果是打造一个新产品（在广义上使用这一词汇）。将投资表示为设计中设备的一个“建造—使用”过程，结果证明是不可能的，因为在计算时还不具备它们的价格，因而无从对生产的分矢量进行评价。在这样的情况下，我们常常转而采用一种评价效果的简化形式，采用评定“相对”效果的方法，完全不考虑把投资作为效益来源，同时把我们自己局限于从生产同等效益的诸方案中，选定一个费用最少的方案，这样做是否合理的问题。当然，这并不能保证在从效益来源的角度评价这些待选定的方案时，其中必有一个在这方面是合理的。

我们觉得，在论证具有巨大国民经济影响的重大投资方案，特别是那些能导致新产品的生产和利用的方案时，尤其需要证明这一方案的完全效果或绝对效果。计算这些情况下的内部产品 πx，就是利用前面所说的将过程 $\tilde{x}$（它把投资说成是建造费用和产品价值与营业费用之间的差额的总和）与过程 $\tilde{x}'$（它说明了新产品的利用）结合起来的方法。将两个过程结合起来（$\tilde{x}+\tilde{x}'$），新产品就成为外部生产为零的内部“中间”产品。像这样从一个较广泛的意义上进行分析和计算，表现为投资结果的将是生产和消费的全面效果，而不是某个既定工业部门或分部门的产量。

* 即最优利润率——译者

这种将建造—生产过程与消费者使用产品的过程相结合的办法，是一种衡量不能用货币评价其结果的投资效果的恰当方法。例如，在某地区修建一条公路的效果就不能单单依靠说明建造过程本身的设计资料来决定。计算贴现了的公路建造费用和营业费用并非难事，但这些费用不能用来进行比较，因为使用者在使用公路时是分文不付的，因而从经营公路而来的经营收入为零。不过，如果我们算出公路的一切使用者所增加的利润（节约），并将"建造—经营—使用"过程的这一正分矢量加到贴现了的费用之上（后者当然是作为负值），最终结果的符号将表示公路修建方案的国民经济合理性。

当基建方案的边际经营费用小于平均经营费用，从而经营收入不能弥补经营费用时（例如，在铁路的最佳利用中，常常就是这样），也有必要进行同样的国民经济效果的计算。

前面介绍的关于直接投资效益、补充（或间接）效益和全部效益的思想，可以用作为相应于 $\tilde{x}\pi$、$\tilde{x}'\pi$ 和 $(\tilde{x}+\tilde{x}')\pi$ 的内部产品的生产过程这个术语来说明。如同在第 3 节中所下定义那样，$\tilde{x}$ 是一个说明既定投资的矢量，而 $\tilde{x}'$ 则是一个说明消费者利用该既定投资的产品的矢量。如果我们计算建立某一新产品的效益，在设计阶段，由于价格尚待确定，因而上述产品的第一部分也就不能决定，但这时用扩大了的向量 $(\tilde{x}+\tilde{x}')$ 的形式来表示投资，就能克服这一困难。当现行价格偏离最优价格很多时，建立扩大了的过程以进行计算，也是很有用的，因为这样一来，具有不合理价格的产品成了外部生产为零的内部"中间"产品。因而在计算扩大了的过程的效果时，不合理的价格并不发生影响。

另一困难的问题是最优投资规模的确定。大家知道，根据凸形规划原理，如果不属于 X 集的某一生产过程是高效的，也就是说，该生产过程可用 $\tilde{x}\pi>0$ 的条件表明其特点，则存在一个数字 $\bar{h}$，它表明：如果生产过程 $\tilde{x}$ 以 $\bar{h}$ 的强度被包括进计划，则目标函数即可增加一定数量 $\varphi(\bar{h})$。如果生产过程 $\tilde{x}$ 的利用强度为〔$0,\bar{h}$〕区间中的某数 h，则由于将 $h\tilde{x}$ 包括进计划而使目标函数得以增加的数量为 $\varphi(h)\leqslant\varphi(\bar{h})$。如果生产过程 $h\tilde{x}$ 被包括进计划，而 h 大于 $\bar{h}$，则目标函数可能不仅不会增加，还会减少。适用于这些生产过程（它们表明投资）的数字 $\bar{h}$，我们称之为投资的最优规模。

当确定新设备的合适生产量，以及评价用于设计新种类设备的费用的效果时，最优投资规模的问题是具有代表性的。关于后者的评价，构成了对那些在设计新机器、设备等的方案—设计组织中的工人实行物质刺激制度的基础。用通常的方法进行这种计算的做法，并不符合理论（甚至普通常识）的要求。根据应用新设备的最有利情况算出的新设备单个样品的利用效果，常常被乘以全部采用的数量，虽然新设备不同单位的利用效果可能相差很远。

确定最优生产量的原则并不复杂，虽然在许多情况下，要把它应用于实践很困难。必须研究新设备一切可能的应用领域和好处，并计算由于新设备的应用而在所有这些领域中提供的节约。把年度节约额和 EK 之值进行比较，K 为单位新设备的价值（麻烦之一是这一价值视大量生产的程度，也即适当的生产活动水平而各异）。如果将节约额（即由于利用新设备而造成的年度费用的减少额与投资费用——它等于 EK——之间的差）按递减的顺序排列，则可能利用新设备的不同领域会形成许多组——从那些具有最大纯节约额的组，直到纯节约额为负值的组。很明显，有效的界限是零。一切具有非负纯节约额的应用领域的总需求，决定了应该采取的投资的最优规模。

我们觉得，方案—设计工作费用的效果必须这样来计算，即某一新设备的全部效果，等于节约定额与该新设备最优生产量（最优投资引用量）的乘积，而节约定额等于在最有利的情况下应用机器所带来节约的30%—35%（无论如何总要低于50%）。目前实际工作中把投资额与最大纯节约额相乘的做法，大大超过了方案设计工作的效果。

一种更严密的确定最优投资额、新设备的价格，以及由于建立新设备而带来的间接与直接效益的方法，可以利用凸形规划原理说明如下。

设一经济系统模型可用一个具有生产可能性 x 及最优价格 π 的凸形规划问题来说明。假定建立了某种新设备或技术，它降低了不同工业和经济部门的生产费用。当然，生产和利用该新设备的各过程不在 x 集内。它们分别由矢量（$x(h)$，h）及矢量（$y(h)$，$-h$）来说明，其中 h 是说明生产（利用）新设备的数量的任意正数，$x(h)$ 是说明 h 个单位这种设备的生产过程的一个 n 维矢量，而 $y(h)$ 则是说明 h 个单位这种设备的利用的 n 维矢量。在共同考虑了建立和利用新产品的过程之后，我们从以下方程决定最优的生产和利用量：

$$(y(\bar{h})+x\bar{h})\pi=\max_{h\geqslant 0}(y(h)+x(h))\pi。$$

在实际条件中，所需要的最大值显然总是存在的，因为随着产量的增加，单位成本以递减的速度下降，而通过采用新技术所带来的节约，将无情地下降至零。新技术的(最优)价格为 $\pi_{n+1}=-x(h)\pi/h$，建立和采用新技术的全部效益为$(y(\bar{h})+x(\bar{h}))\pi$，或 $y(\bar{h})\pi-\pi_{n+1}\bar{h}$。

应该指出，由于考虑到经济上的自足，对于个别单位的新设备或新技术来说，在边际单位的效果的水平上(即 $y'(h)\pi=-x'(h)\pi$)规定价格，还是比较正确的。因为按照这样一种价格获得新技术，将被每个消费者利用该新技术所得到的效益证明其正确(这从国民经济的观点来看，也是有利的)。生产费用将仅仅部分得到补偿；其余部分，诸如设计费用的效果、新设备的生产和产品的完成等方面的效果，将决定于采用新技术的国民经济后果。

如果新生产的进行是一个长期的过程，在此期间，生产费用下降，则新产品的利用领域和用户数量将扩大，而新生产的最优发展速度必须加以确定。在这方面必须遵行最大效益和最低费用的原则(将整个时期的效益和费用都贴现到开始时期并加以汇总)。一般地说，最优答案不能依靠经济核算而完全实现，新产品在规定时期的降价，必须通过在它的用户上表现出来的国民经济效益，才得以证明其正确。只有从整个国民经济的效益出发，才能使新产品以符合全部实现技术进步可能性的速度进行生产。评价这类工作的效果，绝不能根据生产新设备企业的财务指标，而必须在考虑到一个长时期中对整个国民经济的影响这样一个广泛的规模上进行。

本文所探讨的评价投资效果的方法论诸原则，不仅可以用来分析投资方案本身，还可以在进行必须考虑时间因素的长期计划工作时，评价计划的效果和最优化。例如，可以把这些原则应用于后备贮存及后备能力的建立，新种类消费品和服务的扩大，新的科学技术发展及其用于生产，保护自然的措施和开发自然资源的合理规划，新区域工业化的速度和顺序，等等。

在谈到最优投资规模的问题时，应该指出，大多数基建方案都是明确规定了未来的生产规模的。在这样的情况下，对方案进行经济分析的目的不是确定投资方案的最优量，而是分析实行该项具有设想中产量规模的方案是否合乎需要。不过在这些计算中，仍然会间接碰到与投资方案规模有关的问题。

对于过程 x（它说明直接给定的投资），或者扩大了的分矢量（它们包括了间接的和追加的效益）来说，$x\pi$ 的计算决定于下述假设，即一组价格 π 是稳定的，以及用这组价格来说明完成计划的投资后将会出现的情况是恰当的。但是，有些基建方案在完成以后，将会在不同产品的生产与消费的平衡方面，造成剧烈的改变，从而使得一组最优价格也发生剧烈变化，这完全是可能的。严格地说，本文中所提出的一些确定投资效果的方法，例如，现行指导文件所推荐的简化方法，都只能应用于“小型”投资，进行这类投资不会导致计划以及表明计划特点的一组价格的剧烈改变。对于“大型”投资来说，想要指出一种依靠局部资料来说明采用某方案的国民经济后果的计算方法，当然是不可能的。根据定义，除了说明整个计划的资料以外，任何局部资料都不能说明“大型”投资；因此，对于“大型”投资来说，是不存在前面第 1 节中所提到的那种投资效果问题的。只有通过对整个计划进行最优化计算，即通过比较包括和不包括该项投资的计划，才能确定“大型”投资的合理性和投资效果。

11　一个考虑到技术进步下生产基金结构的变化的单一产品动态经济模型*

我们现在来考虑一个生产单一产品的经济系统，其产品的一部分用于消费，另一部分则用于增加固定资产和流动资金。

设 $T(t)$ 为 t 时的劳动供应，$K(t)$ 为 t 时的(名义)固定资产。我们用 $\lambda(t)$ 表示新基金的类型(或结构)，它说明了(用实物形态表示的)标准基金的价格(单位劳动占有基金量)，或者换句话说，劳动的基金强度。我们假设在 t 时建立起来的基金属于同一类型 $\lambda(t)$〔$\lambda(t)$ 是 t 的单值函数〕。

用 $\varphi(t)$ 表示新基金建立的强度，也就是说，$\varphi(t)\mathrm{d}t$ 是在 $[t,t+\mathrm{d}t]$ 时期中建立起来的新工作岗位数，因而 $\lambda(t)\varphi(t)\mathrm{d}t$ 是在这同一时期中新建立的基金数。$\lambda(t)\varphi(t)$〔及 $K(t)$〕诸函数必须在模型中予以确定。

设用一生产函数 $U(x,y)$ 表示可能的生产过程，该函数表明劳动 y 用固定资产 x(在开始点)在单位时间内所生产的净产出

---

* 作者为康托罗维奇和 В. И. 齐亚诺夫，见《苏联科学院学报》，俄文版，1973 年，第 211 卷，第 6 期。

量。假设函数 $U(x,y)$ 为一正值、齐次、一次函数，即

$$U(\lambda x,\lambda y)=\lambda U(x,y)\qquad \lambda>0,$$

且建立在最优过程的基础之上，因而也就理所当然地可以假设 U(x,1)具有凸形。

可以通过下述途径而在模型中考虑技术进步。即假设一定的基金和劳动的投入在单位时间内所生产的净产出量，作为一个建立基金的时间 τ 的函数而按指数关系增长，它是开始时期所建立的基金在同样条件下所生产产量的 $e^{\delta\tau}$ 倍。

还要假设在经济发展过程中，劳动将从很久以前建立的具有低结构的基金中解脱出来。解脱出来的劳动资源将用于新建立的基金。被遗弃的基金在将来不再利用。之所以要这样规定，是因为我们假设，对函数 $\varphi(t)$ 来说，当 $t\geqslant t_0$ 时，$\varphi(t)\geqslant T'(t)$。

现在假定，属于间隔 $[0,t]$ 的 E_t 集被规定如下：如果建立于 τ 时 $(\tau<t)$ 的基金被保留并一直用到 t 时，则 $\tau\in E_t$。

于是在 t 时的单位时间内可以生产的净产出（国民收入）量为

$$P(t)=\int_{E(t)} e^{\delta\tau}U[\lambda(\tau)\varphi(\tau),\varphi(\tau)]\mathrm{d}\tau。\qquad (1)$$

如果假设资金的有机构成是在不断提高，则 E_t 集的结构变化将如下：设在某一既定时刻 $m(t)$ 以前建立的一切基金都于 t 时废弃；于是 E_t 表示间隔 $[m(t),t]$。函数 $m(t)$ 必须在模型中加以决定。

用于增加固定资产和流动基金的投资是用它的强度来给定的，所以 $x(t)\mathrm{d}t$ 就是在时间间隔 $[t,t+\mathrm{d}t]$ 期间的投资量。函数 $x(t)$ 及 $T(t)$ 均在模型中给定，$x(t)$ 可能使之决定于 $P(t)$ 或模型中的其他参数。

下面我们就来写出模型的诸方程式。

劳动平衡。在 t 时对劳动增量的需要 $\varphi(t)\mathrm{d}t$，一部分通过劳动供应的增加得到满足，一部分则通过从被注销的基金中解脱出来的劳动得到满足。所以我们可有以下方程式：

$$\varphi(t)\mathrm{d}t = T'(t)\mathrm{d}t + \varphi[m(t)]m'(t)\mathrm{d}t。\qquad (2)$$

资金平衡。在 $\mathrm{d}t$ 时新建立的基金量等于 $\lambda(t)\varphi(t)\mathrm{d}t$。它是用投资建立起来的，所以

$$\lambda(t)\varphi(t) = x(t)。\qquad (3)$$

微分的最优化条件。这一条件意味着，净产出在每一时刻的增长都必须是最大的(在某计划时期$[t_0, t_1]$中，使净产出为最大，或某种别的综合的最优化条件可以是另一个可能的最优化标准)。换句话说，函数 $\lambda(t)$、$\varphi(t)$、$m(t)$ 必须这样来加以决定，即在每一时刻 t，$\mathrm{d}P(t)/\mathrm{d}t$ 为最大。将 $\mathrm{d}P(t)/\mathrm{d}t$ 作为上述诸变数的一个函数来进行考虑，同时再考虑到(2)式和(3)式，我们即可得到如下形式的微分的最优化条件：

$$\begin{aligned}&\varphi(t)U[\lambda(t),1] - x(t)U'_x[\lambda(t),1]\\&- e^{\delta[m(t)-t]}\varphi(t)U[\lambda[m(t)],1] = 0\end{aligned}\qquad (4)$$

由此可见，(2)式、(3)式和(4)式构成了说明模型的方程组。令 $t>t_0$(t_0 为一固定数)，可解出方程组。至于各开始条件则通过以下形式予以给定：

$$m(t_0) = m_0, \varphi(t) = \varphi_0(t), \lambda(t) = \lambda_0(t), 设\ t \in [m_0, t_0],$$

式中，m_0 为一给定数，而 $\varphi_0(t)$ 及 $\lambda_0(t)$ 则为函数，它们给出了基金和劳动的初始分配(设 $t\in[m_0, t_0]$)。

没有外国投资的情况。假设 $V(t)$ 是净产出中用于消费的部

分，其他部分则用于建立生产基金。方程式(3)于是成为

$$\lambda(t)\varphi(t)=P(t)-V(t)。$$

通常总是假定消费等于净产出的一个固定份额，于是

$$V(t)=(1-\gamma)P(t),$$

γ 为一定给数，且 $0<\gamma<1$。

计算基金建立的时期——时滞。现在我们假设，投资不能立刻变成生产基金，也就是说，要考虑建厂并使之达到设计能力所需的时间。我们假定这段所需时间为 L。可以通过以下途径考虑在 L 时期内生产基金的废弃：在 t 时投入生产的基金具有结构 $\lambda(t)$，以及用乘数 $e^{\delta(t-L)}$ 表示的技术进步的水平。出于同样理由，(在间隔 $[t,t+dt]$ 时期内)投入生产的基金数量，取决于 $t-L$ 时的投资强度，它等于 $x(t-L)\mathrm{d}t$。

在这样的情况下，模型的诸方程式具有下述形式：

$$P(t)=\int_{m(t)}^{t} e^{\delta(\tau-L)}U[\lambda(\tau),1]\varphi(\tau)\mathrm{d}\tau, \tag{1a}$$

$$\varphi(t)=T'(t)+\varphi[m(t)]m'(t), \tag{2a}$$

$$\lambda(t)\varphi(t)=x(t-L), \tag{3a}$$

$$\varphi(t)U[\lambda(t),1]-x(t-L)U'_x[\lambda(t),1]$$
$$-e^{\delta[m(t)-t]}\varphi(t)U[\lambda[m(t),1]]=0。 \tag{4a}$$

投资效果定额〔下面我们用 $n(t)$ 来表示这一参数〕。它等于(单位时间内)所生产产量的增长额，除以促成这一增长的增加的投资额。

在本模型中，我们考虑如下的经济策略。假定在一个非常短的时间间隔 $\mathrm{d}t$ 的过程中，我们得到了数量为 $\mathrm{d}x$ 的生产资金增量，该项资金增量必须在某一 Δt 时期中予以回收。我们将利用这增

加的资金在 $\mathrm{d}t$ 时期内建立一具有更高的结构〔以 $\lambda(t+\Delta t)$ 取代 $\lambda(t)$〕的生产基金，它将提供增量产品的积累。其次，在 $[t+\Delta t, t+\Delta t+\mathrm{d}t]$ 期间，具有结构 $\lambda(t)$ 的基金已经建立，这就使我们能够更早地回收追加投资。作为这一过程的结果，在 $t+\Delta t+\mathrm{d}t$ 时，我们将具有一基金结构的系列，以及这样大小的一个投资额，它与经济发展中没有追加投资时所发生的投资额，实际上相符。联系（单位时间内）投资的增量来计算净产出的有效增长，就得到公式

$$n(t)=e^{\delta t}U'_x[\lambda(t),1],$$

计算投资效果定额，或者说，利用方程式(4)，

$$n(t)=\frac{1}{x(t)}\left\{\frac{\mathrm{d}P(t)}{\mathrm{d}t}-e^{\delta m(t)}U[\lambda[m(t),1]]T'(t)\right\}。\quad (5)$$

换句话说，$n(t)$ 决定于减值后的国民收入增长额与同一期间新建立的生产基金价值之比，也就是说，在相除之前，先要从国民收入增长额中扣除新增加的劳动力当使用陈旧基金〔具有 $m(t)$ 的结构〕时可能生产的纯收入之值。

利用(5)式，可得 $\mathrm{d}P/\mathrm{d}t=x(t)n(t)+T'(t)Э_r$ 的关系，从这一关系中可以明显看出，国民收入增长额决定于新采用的基金额和其效果的乘积，与增量的劳动和它的边际效果 $Э_r$（使用废弃基金的效果）的乘积二者之和。

用小参数法(method of small parameters)求出模型诸方程式之解。现在我们要给予 $U(x,y)$、$T(t)$ 及 $x(t)$ 诸函数以具体的形式。生产函数具有 $U(x,y)=x^{\alpha}y^{1-\alpha}$ 的形式——为一科布—道格拉斯函数。劳动后备按指数关系增长，$T(t)=e^{pt}$，p 为人口增长速度。假设投资密度不变，$x(t)=x$，式中，x 为一给定的正数。

我们假定 p 及 δ（δ 为一技术进步指数）的数值都很小，这符合于统计数据。我们还假定（2）—（4）式的方程组有一个解，而且 $\lambda(t)$、$\varphi(t)$、$m(t)$ 诸函数可以按 p 及 δ 的幂级数展开：

$$\lambda(t)=\bar{\lambda}(t)+p\lambda_p(t)+\delta\lambda_\delta(t)$$
$$+p^2\lambda_{p2}(t)+p^\delta\lambda_{P\delta}(t)+\delta^2\lambda_{\delta^2}(t)+\ldots$$

$$\varphi(t)=\bar{\varphi}(t)+p\varphi_p(t)+\delta\varphi_\delta(t)$$
$$+p^2\varphi_{p^2}(\mathrm{t})+p\delta\varphi_{p\delta}(\mathrm{t})+\delta^2\varphi_{\delta^2}(\mathrm{t})+\ldots$$

$$m(t)=\bar{m}(t)+pm_P(t)+\delta m_\delta(t)$$
$$+p^2m_{p^2}(t)+p^\delta m_{p\delta}(t)+\delta^2m_{\delta^2}(t)+\ldots$$

将这些级数代入（2）—（4）式的方程组，并将具有同次小参数的各项列成等式（我们略去具有一次以上次数的 p 及 δ），解出最终的各方程式，即可确定 $\bar{\lambda}(t)$、$\bar{\varphi}(t)$、$\bar{m}(t)$、$\lambda_p(t)$、$\pi_p(t)$、$m_p(t)$、$\lambda_\delta(t)$、$\varphi_\delta(t)$、$m_\delta(t)$ 诸函数。

在这样的假设条件下，(2)—(4)式方程组的解具有以下形式：

$$\lambda(t)=\frac{xt}{\beta}\left\{1-\delta\frac{t-t_0}{2\alpha}-p\frac{t-t_0}{\beta(1-\beta)}\right\},$$

$$\varphi(t)=\frac{\beta}{t}\left\{1+\delta\frac{t-t_0}{2\alpha}+p\frac{t-t_0}{\beta(1-\beta)}\right\},$$

$$m(t)=\beta t\left\{1+\delta\frac{(1-\beta)t}{2\alpha}\right\},$$

式中，$\beta=(1-\alpha)^{1/\alpha}$。

利用这个解，我们可用下式来表现投资效果定额：

$$n(t)=Mt^{\alpha-1}\{1+\delta[at^\alpha+b(t-t_0)]+p[c(t-t_0)]\},$$

式中，

$$M=\frac{ax^{1-\alpha}}{\beta^{1-\alpha}},a=\frac{x^{1-\alpha}}{\beta^{1-\alpha}},b=\frac{1-\alpha}{2\alpha},c=\frac{1-\alpha}{\beta(1-\beta)}。$$

12 在计划一个部门的发展和制定技术政策中的最优数学模型*

重新重视工业的部门管理及其被提高到一个新的水平，为使整个部门发展问题的一切方面得到有科学根据的解决方案，创立了有利的条件。在这一工作中，必须在相当程度上利用数学方法和数学模型，以及在此基础上进行的分析和计算。目前正在颇为广泛地利用最简单的部门发展和定位的最优模型，以及用线性规划方法计算（在许多情况下，甚至根据算法和运输问题求解）的模型。[①] 已经有许多部门利用这些模型来计算整个部门的发展，或者部门在个别地区的发展，而在为下一个五年计划准备时，必然会有更多的部门将要利用这些模型。有些部门的计算结果（例如燃料—能源平衡表），已经在 1966—1970 五年计划的编制中加以考虑。

这些模型胜过那种对各个别企业进行孤立的经济分析并平衡生产和需求的传统体系的基本优点，在于它们的综合分析方法，这

* 见《经济问题》，俄文版，1967 年，第 10 期。

① 我们考虑，部门的“发展”一词比部门的“分布”一词更可取，因为模型所处理的不仅是关于新企业的分布和产量的确定的问题，它还处理诸如企业的规模、专业化、工艺和原料的选择，部门产品的利用等问题。

就是说，对于国家的全部需要和一个部门中一切企业的生产可能性（现有的和计划的），同时进行分析。这样就有可能使生产者和消费者的利益得到最优的结合，使国民经济的效果为最大，并且得到一些新的、有价值的经济指标和特征。

这样一来，就使有计划的社会主义经济和在决定某一部门发展的基本方向时能进行集中计划的优越性，有可能得到最充分的实现。另一方面，应该指出，最优化数学方法的应用，绝不限于部门发展的长期计划工作。这些方法同样可以用于短期计划和日常计划的计划工作，用于解决技术政策和经济政策以及管理等方面的问题。其次，我们不能把自己局限于标准的模型和方法，或者夸大它们的作用。不同的工业部门——无论是采掘工业还是加工工业部门，是产品目录繁杂还是产品目录简短的部门，是具有复杂的还是简单的工艺关系的部门，是大量生产还是系列生产的部门等——会在极大的程度上具有各自的特点。一个某一部门的模型，只有当它是建立在对生产过程和对部门结构及关系充分了解的基础之上，只有当它是由这样一些专家来创建，这些专家在同样的程度上考虑部门的技术、经济特点以及建立数学模型的可能性，它才是正确的和有效的。标准数学模型和方法的目的，是就这一研究的趋向和性质提供方针性指导，是提供一定的指示和标本，以及提出并阐明一般方法论问题的答案。尽管这些模型都还是新东西，而且不完善，但它们所具有的优点是不容置疑的，很明显，这些优点可以完全补足个别企业的具体经济分析所提供的补充可能性。然而我们也必须看到这些模型的缺点。本文中有相当部分将致力于对这些模型中的某一些进行分析，致力于提出问题，以及研

究改进这些模型的方法。

另外，在建立部门发展的模型时，也应和利用数学方法的其他问题一样，由系统地从事此项复杂问题的研究的部门专家的集体，在每个部门中来进行。还必须利用研究一般方法论问题的科学研究所的帮助。这种帮助可以采取方法论方面的和咨询性的协助的形式，也可以采取联合研究或其他可能的形式。数学最优化模型必须同技术—经济分析和计划的传统方法巧妙地结合起来。

一个某一部门的发展模型和改进这一模型的可能性

基本的、用得最广的和最简单的一个部门发展的模型，是为未来某一给定的时期打算的；在最简单的情况下，只涉及某个单一商品的生产。对于该商品未来需要的数量及地点，假设均已给定。现有企业的地点，扩大现有企业的可能性，以及新企业许可的建厂地点，也都已指定。在一切情况下，对现有生产能力来说，产品产量和企业生产费用的可能范围都已规定，而对新生产能力来说，则规定了算得的费用和允许的产量。(所谓算得的费用，我们通常是指 $\sigma=s+\gamma k$ 这一算式之和，式中，s 为企业的生产费用，k 为单位产量的投资额，而 γ 则为投资效果定额。)现在的问题是：使生产的全部费用、(投照投资效果定额而算得的)投资费用，以及为满足对商品的需求所必需的运输费用为最小。归根到底，这一问题可以写成一个特殊类型的线性规划问题的形式，它可归结为运输问题。这一问题的数学列式如下：在满足

$$1.\ \sum_i x_{i,k} \geqslant B_k, \qquad 2.\ 0 \leqslant y_i \leqslant L_i,$$

$$3.\ 0 \leqslant z_i \leqslant M_i, \qquad 4.\ \sum_k x_{i,k} = y_i + z_i,$$

$$5.\ x_{i,k} \geqslant 0$$

诸条件的前提下，求

$$\min_{x_{i,k};y_i;z_i} \sum_{i,k} c_{i,k} x_{i,k} + \sum_i s_i y_i + \sum_i \sigma_i z_i,$$

式中，s_i 为 i 处现有企业的企业生产费用；σ_i 为 i 处一个新企业的算得的费用；L_i 和 M_i 为企业允许的生产能力；y_i 和 z_i 为计划的产量；B_k 为 k 处对一既定商品的需求；$c_{i,k}$ 为从 i 处至 k 处运输一个单位产量的费用；$x_{i,k}$ 则为从 i 处至 k 处的计划装运量。

上述五项要求分别表明：(1)需求的满足，(2)和(3)生产能力上的限制，(4)运输流量和产量的平衡，以及(5)运输流量的非负特性。即使有几百个甚至几千个地点，这样一个模型也能利用计算机顺利地计算出来。①

如果是生产几种类型的商品，且存在着同时生产它们的可能性，或者还具有其他类型的约束条件和其他最优化标准，则问题将不再归结为一个运输问题，而将多少成为一个一般的线性规划问题(如果线性的假设仍然保留的话)。

尽管和对个别企业进行孤立的经济分析的传统方法相比，在一个单一模型基础上编制计划，具有上述巨大优点，但在这些模型的应用上却遇到了不少困难，即使在那些产品结构最为简单的部

---

① 例如，可参阅 M. A. 雅可夫列娃所著“解决运输任务的大纲”一文，该文刊于《最优化规划专集》，俄文版，第 6 期，诺沃西比尔斯克，1966 年。

门(例如水泥生产),也不例外。这些困难的发生,不仅和一部分职员的保守主义思想以及这些方法的独特性质有关,或者和必要数据的缺乏及质量不高有关,而且也和这些模型本身以及计算和分析这些模型的方法中所存在的某些缺点和不完善之处分不开。因此,分析这些缺点和困难,指出改进模型及其采用的指标的途径,是很重要的;必须扼要叙述一下使模型更为切合实际所需要的数学、经济、统计等各方面的研究和方法。

向动态模型的过渡。我们所研究的这些模型,从性质上说,是半动态的,因为它们只是为一定的时间间隔计算的,因此就没有考虑必要的生产率的增长,以及在生产资料方面的限制。这些模型也没有考虑到在此期间生产能力分布方面的经济学。经过多年的研究,苏联科学院西伯利亚分院数学研究所现在已提出了一个关于广泛利用最优化动态模型(它们在计划时期的每一年都是平衡的)的建议,这一建议特别适用于部门模型。[①] 也设计了一些计算这种模型的有效方法。例如,B. Л. 马卡罗夫,还有 C. C. 苏宁(列宁格勒大学),就提出了一种用于最简单情况的、类似于计算运输问题的算术算法。某些试验性的计算也已进行。

利用动态模型可以制订更有效的部门发展计划,这种计划能够避免上述各种缺点。这样的一个动态模型能够不仅包括计划时期,而且包括平衡表以外的时期*。它考虑了消耗定额和需要的预测,因而有可能就部门的发展计算出某种预测(这种预测

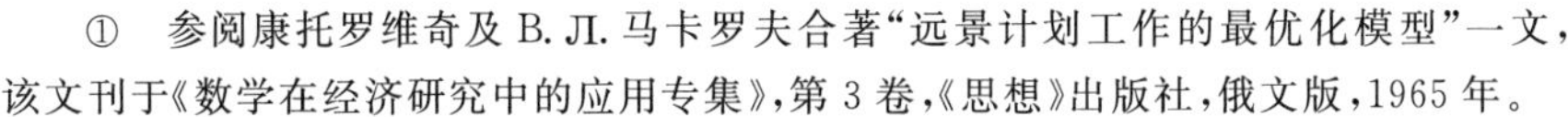

① 参阅康托罗维奇及 B. Л. 马卡罗夫合著“远景计划工作的最优化模型”一文,该文刊于《数学在经济研究中的应用专集》,第 3 卷,《思想》出版社,俄文版,1965 年。

* 即计划外时期。——译者注

可能采取方案的形式，也可能是随机的）。由此可见，利用这一模型可以制订这样一种计划，它不仅能与部门目前时期的条件相适应，而且能和部门的未来发展预测相适应。

应该指出，实际生产情况往往比本模型中所介绍的情况具有更大的动态性。例如，基本模型中所采用的关于现有企业的生产能力和生产费用是一个常数的假设，往往不符合实际情况。正如经验所表明的，在复杂的生产结构的条件下，通常生产量会随着时间的进展而增加，生产费用则会下降，有较少的费用用于现代化和技术的进步。这些情况应该一个部门一个部门地具体研究，而且应该在一个单一评价的基础或统一处理的基础上，在模型中加以考虑。必须通过图解表示整个部门以及个别生产设备的动态生产函数，并加以利用。

最后，最好不要把某些具有复杂结构的生产设备的全部说明都纳入数学模型。较好的办法是：将这一方法和各种技术—经济计划工作结合起来。例如，在编制许多企业、联合企业或其他组织的全面发展的传统方案以前（其中有劳动密集型的、资金密集型的、提高发展速度的、降低发展速度的，等等），必须在建立数学动态模型的基础上，找出整个部门的最优结合。苏联科学院西伯利亚分院经济—数学研究所的试验室已经做出了这一类型的某些简化的计算。

非线性和不可分性的考虑。我们知道，在基本模型中关于单位产量的费用不变的假设，并不总是正确的；其次，费用和产量之间的相关性也经常是非线性的。在许多部门中，还必须考虑某些对象或个别集，它们只能作为一个整体被列入计划。这种情况会使模型的计算复杂化，使它成为非线性规划或整数规划问题。但是，由于这些问题的特殊性质，在许多情况下，可以借助于线性规划的算法或者略加改变后的算法，顺利地解出它们(或者精确地或者近似地解出)。在另一些情况下，考虑到这些问题的特点，可以比一般非线性和整数规划问题简单得多地用动态规划方法和部分扫描法(partial scanning)加以解出，还有一些问题则可结合线性规划方法和定性经济分析求出其解。近似法和迭代法也不失为有效的求解工具。1966 年 12 月召开的关于在部门计划和管理中利用数学方法的全苏会议中，许多论文都介绍了这些方法。由此可见，我们不应夸大这些问题的数学困难；研究所试验室的工作也证实了这一点。[①]

然而在建立生产费用对生产量的最初的非线性的经济依存关系时，存在着不小的困难。还没有能令人充分满意的建立这些依存关系的方法。鉴于正在进行改善价格的工作和对生产费用的更广泛而全面的研究，可望在这方面取得某些进展。

在模型中体现需求量对费用大小或者对销售价格的依存关系，不会给模型的建立和计算造成任何重大困难。在这方面，比较困难的问题仍然是如何确定有根据的这种依存关系。在这些问题中(其中生产量本身也必须予以规定)，必须相对于消费者效果而并列的不是企业生产费用，而是商品生产上的全部费用，尤其是差别

---

①　参阅 Ю. И. 沃尔科夫在关于在部门计划和管理中利用经济—数学方法和计算机的全苏会议上所做的报告“关于分析和解决线性规划整数问题的几个简化方法”(诺沃西比尔斯克，1966 年)，以及 Д. М. 卡萨凯维奇及其他人在《最优化生产发展和分布的模型及方法专集》中的文章，诺沃西比尔斯克，俄文版，1965 年。

的费用，在动态模型中，那就是这些费用和相应的影子价格的动态。

多种产品模型。当规划一个其企业生产许多种类商品的部门时，利用最优化模型的问题就会复杂得多。这样的模型在计算上更为困难，它不能再归结为运输问题，通常需要利用线性规划的一般算法；同时在考虑动态性、非线性及不可分性方面的复杂程度，也相应增加了。但主要困难在于原始资料的获得。顺利的生产的集聚（aggregation of production）有着头等重要的意义。另外，确定企业生产能力的方法，使企业能够建立生产多种产品的潜力，在一个给定的生产方案下的各种消耗定额，消费者需要的产品结构的预测等，也都是必要的。模型也可以包括一些改变，以及对消费者而言的商品的部分可互换性。由于某些数据的不能确定（例如需求的结构），需要利用随机规划法来求解。对于确定后备的生产能力来说，这一方法尤其重要。建筑材料和构件的生产部门和其他部门，已经在多种产品模型的计算方面积累了一定的经验。

在利用多种产品模型时，常常需要从几个在企业工艺组织方面各不相关的方案着手，而不考虑是否可能在生产方案的构成中不断发生改变。方案数应受到高度的限制，因为每个方案都需制订一个单独的技术计划，并进行评价。我们觉得，技术规划和计算的自动化将来可以在这方面发挥作用。如果利用计算机的话，即使从几十和几百个方案中获取数据，也不会感到困难。

资源、原料、供应。在许多部门中，产品生产与原料基地具有非常直接的联系，因而把它们作为一个整体而包括进模型之中，较为可取。这样一来，必须考虑原料的可能性而选择一定类型的企业和工艺。其次，不能依靠既定的各种供应（例如矿石、石油）的标准交货周期。对原料资源合理的加工周期，以及原料资源的利用顺序，必须在考虑效果定额和算得的投入与产出在不同时间的关系的情况下，在计算最优化动态模型（对一段较长的时间而言）的同一过程中加以规定。一般地说，这样计算的结果，总会选定比已批准的和在实践中已经形成的各种定额所建议的更短些的周期和更为强化的加工方法。在许多情况下，它还会造成在提炼联合企业中建立更大的生产能力，以及资金在空间和时间上更大的集中的必要性。

地方条件的考虑。在选择生产发展速度和企业规模时，必须就工艺类型、改组与结合的规模及程度、投资额的大小，以及劳动密集程度等各个方面，对各不同方案进行考虑。特别重要的是，应该结合地方的条件——例如人力的短缺或过剩、住房条件、基建的可能性，以及能源的平衡等——来进行上述考虑。由于价格形成和经济评价方面工作的改进，考虑这些差别的经济形式将会变得更为有效；然而用经济评价反映这些差别时，并不总是具有充分的全面性和准确性。在这样的情况下，必须通过特殊的方式来考虑地方的条件，例如，通过这种或那种形式的限制、罚款、津贴等，但必须努力使地方条件也能反映在经济指标和经济核算中。下述建议就是这种情况（我们曾经不止一次地提出这一建议，现在它获得了广泛的支持）：使用短缺的劳动力小组时，实行支付；而使用过剩的劳动力小组或在具有过剩人力资源的地区使用劳动力时，实行津贴。[①]

① 参阅康托罗维奇所著的《最优利用资源的经济计算》一书（第 2 章，第 3 节），苏联科学院出版社，1959 年；Б. 拉基茨基所著的“支付资源费用的经济意义”，《经济问题》，俄文版，1966 年，第 12 期。

把地方条件反映在经济指标中这个要求，也适用于上述其他方面。例如，有时候维持一个具有陈旧设备的现有企业反而有利。但是，只有在经济核算、财务，以及各项评价指标上做出了必要的调整后（例如，企业免予交纳基金占用费和折旧提成，或者大量减少这些上缴款项；在人力使用方面给予津贴等），该企业才能正常地运行而不亏损。根据建筑材料和建筑工程的现有平衡关系，对它们实行有差别的销售价格，也是必要的；否则就会在最优计划决策和经济核算之间出现差距，其结果是，合理地选出来的企业可能被证明是无利可图的。在这方面，运输费用的问题尤其尖锐。

运输费用。在部门定位模型中，对起着非常重大作用的运输费用的考虑是极为不够的。各可能的解——运输费用、企业生产费用、算得的费用* 和差别的费用（相关费用和相关投资）——所得结果在数值上可以相差几倍。最优解则为差别的费用，因为把这一或那一定位方案（它与装运的增加有关）包括进去，将在装运的增加上引起国民经济费用，亦即差别的费用。但是，除了平均费用的水平以外，对不同类型的装运（距离、货物类型、地区）的费用进行恰当的分析，具有很重要的意义。例如，在超过平均装运距离700公里的一段距离内，每吨公里运输费用几乎只为这同一距离的平均费用的一半。无论是我们的铁路装运数据的统计分析，还是美国铁路运费表中各级费用的比例关系，都证实了这一结论（美国在制订铁路运费表时，还考虑了对长距离装运的更大的需

* 即$\sigma=s+\gamma k$，参阅本书第154页。——译者

求弹性,但在我们的情况下,这一因素也起着一定的作用)。与此同时,我们计算企业生产费用的方法以拉平的平均指标为依据,而这种平均指标是不考虑在差别的基础上的实际日常费用和基金占用费用的,所以这种计算方法不能说明费用对于运输的正确关系。因此,各运输部和研究所面临着更深入地研究运输费用结构的重大问题,同时要考虑正在进行的经济改革和最优化规划的各项原则。这些费用必须以一种十分一般化而有概括性,同时又有必要的差别的形式来表示。

众所周知,在价格复审过程中,由于各种原因,在运输费用上并没有进行重大的改革。但在将来,运输费用的改革和调整是绝对不可少的,这种改革和调整将使运输费用在广泛研究其结构和规模的基础上,更为接近国民经济用于运输的真正费用。否则,将费用包括进最优定位模型而不进行运费的调整,就会导致在计划决策和经济核算之间出现差距的情况。

由此可见,调整运输费用乃是合理解决许多生产部门定位问题的必要前提,但是,这不仅对长期计划工作,而且对日常计划工作来说,都是重要的。对运输费用的不正确考虑,将会造成过高的生产费用,固定资产的利用不足,对新投资的没有根据的需求等。这是 B. 切尔尼雅夫斯基关于在确定生产设备的定点问题时,应根据总的算得的费用来考虑运输的建议,之所以不能被接受的原因。[①] 这一建议没有考虑运输部门的特点:日常费用,甚至基本建

① 参阅 B. O. 切尔尼雅夫斯基所著的《经济计算的效果(计划工作完善化和最优化问题论文集)》,经济出版社,俄文版,1965 年。

设费用中明显的非线性。因此，这一方法是没有科学根据的，在实践中，它将不正确地造成计划和经济组织对重复的企业，或者在原料资源方面不利于发展的企业，进行不必要的投资。

产量的结果。一般地说，在部门发展的模型中，产量的结构和对它的需求都假定已经给定。与此同时，部门发展中的主要问题是：产量结构的改进，结构的动态，比例的变化，使生产转换到对消费者来说更为先进和有效的商品型号，以及考虑了新的需要、在生产中更为有利的商品型号。为了解决这些问题，它们都必须在客观方法许可的范围内，尽量在模型中加以考虑，应该研究各种具体商品型号有效利用的区域，研究它们的消费效果和评价。如果是消费品的话，则重要的是，研究需求和需求弹性。需要关于商品可替换性的条件方面的数据。最后，必须对需求本身的可变性和这些变化的程度，做出客观的估价。必须对照有效考虑这种可变性的可能，核实生产结构、生产能力，以及它们的通用性。这项工作通常总是以，比方说，通用设备和专用设备的适当结合，获得一些有关生产的管理和改组的参数而告完成。在这里，必须利用统计分析和随机模型。同时，我们在这方面也只能列举出个别正在研究的部门（塑料生产、炼油）。

我们觉得，根据消费需求的变化，而在产品种类上进行灵活的业务上的改变的动态、多样性及可能性，乃是部门生产潜力的一个重要的质的特点（大概对它也可以做出客观的评价）。这一特点必须和产量增长指标一起考虑。

由此可见，在确定部门计划时，需求具有决定性的意义。这再一次强调了必须适时地对各消费问题进行科学的研究。这些消费问题现在已经得到了政治经济学家和数理经济学家的高度关注。

部门模型与其他模型的协调。在建立一个部门发展模型时，需要考虑两个相反的趋势。一方面，模型的结构必须尽可能是自主的，它对其他部门、经济区及整个国民经济关于产量结构、产量、需求及各经济特点的数据，只具有最少和最简单的要求。因此，这些数据主要将以高度概括的价值的形式提供。另一方面，如果要改进模型，则又需要有关邻近部门的和地区平衡的更具体和更详尽的资料。模型的质量和实用性，在很大程度上取决于这些要求的顺利结合，同时要考虑部门的特点及关系。克服这一困难的另一办法是将密切相关的部门加以综合(燃料—能源平衡表)。而彻底解决这一问题的途径，在于完成一个最优化规划的综合系统，通过这一系统，可以同时发展并考察由许多部门模型形成的总体。但是，即使在实现这一阶段以前，每一模型的结构都必须为该模型可能被结合进一个总体做准备。同时，每一模型都应具有必要的不受约束的投入和产出的参数，这些参数暂时可以根据初步的(不是最优的)计划草案和预测，以附有条件的简化形式进行填写。

需要讨论的问题。由于不论是在理论探讨还是在实际应用方面，计划一个部门发展的数学模型问题已经受到了广泛的关注(许多集体和组织已经把这些研究和计算应用于不同部门)，因而在关于模型的结构和计算的方法论上，出现了各种不同的观点，这是不足为奇的。我们认为，引起这一讨论的主要客观原因是：在缺乏许多与综合的最优化计划(与其他各部门)有关的经济指标的情况下，部门发展的最优模型，现在竟在国民经济一切级别和一切环节中尚未确立最优化规划的综合体系的情况下被应用。如果最优化规划系统已被到处采用，部门模型的结构基本上就没有什么争议了。正是由于部门模型不得不根据现有经济指标，以及在其他环节中缺乏最优决策的情况下所能取得的资料，孤立地来建立，才使计算带有近似性和条件性，才使许多问题暂时不得不根据专家评定，直觉地加以解决；这种情况造成了各种不同观点，并为争论提供了基础。

基本上可分为两种对立的观点，一种是简化的现实主义的观点，另一种则为理论的观点。前一种观点（以 И. Я. 比尔曼等人为代表）认为，应该根据各现行指标的资料来建立上述简化模型，这些指标有：实际的或计划的企业生产费用（或现行价格及运费），单位产量的投资，与作为一项最优化标准的最低费用原则联系在一起的计划需求。这种观点理所当然地会引起反对，因为企业生产费用并不符合最优计划中的价格，计划中规定的需求并不是最优的。我们承认这些反对不无道理，但也不应加以夸大。首先，有些缺点会在模型本身中部分地得到消除：在某种程度上，考虑自然资源的有限性，相当于把租金包括进价格之中，而关于算得的费用*的考虑，则能引进基金分矢量（如果对邻近各部门也这样规定的话，情况就更是这样）。在长期计划的计算中，不考虑商品缺乏并无大碍，而人力缺乏则可通过对效果定额的适当选择予以弥补。以后，由于新采用的价格比以前的价格更接近于最优计划的价格，情况会有所改进。在必要的时刻，对模型进行修改调整价格和定额，也能在某种程度上克服这些缺点。特别是，应该理解模型的近

---

* 即 $\sigma=s+\gamma k$。——译者注

似性，不要教条主义地对待模型的结构、原始数据和得出的结论，这是很重要的。还必须对模型得出的结论进行补充的分析（利用由计划得出的影子价格，大大方便了这一分析）。通过以上种种办法，根据模型进行的计算，也能产生十分令人满意的结果。一般地说，它们总比用传统的办法将个别对象经济分析的结果加以汇总而得出的那些结果要好得多。

“理论的”观点[①]认为，应该使部门模型最大限度地接近这样的模型结构，这种模型结构是在最优化规划系统得到发展——这时，费用在影子价格的基础上被确定，生产量则根据最大国民经济效果加以确定——的情况下形成的。尽管这种观点在理论上的优点是毋庸置疑的，但要根据部门所能自由支配的数据，为必要的指标求得一些令人满意的值，却非常困难（例如，计算在经济上被证明是合理的其他部门使用该部门商品的量）。其次，由于这些指标的变化，所得的解具有很低的稳定性，如果这些指标的确定不能令人满意，模型就可能导致大错。因此，对于这样一种模型是否可以立即投入实际应用，我们不得不持怀疑的态度。

除了这个一般的问题以外，还有许多个别的值得探讨的问题，例如，怎样处理由于关闭现有企业而引起的损失？是否要考虑已经做出的投资？怎样处理运输、折旧？等等。分析最优化条件下的国民经济效果，提供了解决这些问题的一般理论方法。

另一个值得探讨的问题是：是否有必要在部门的分布或发展

---

① 例如，参阅 B. A. 马希所著“从部门及地区观点看国民经济发展最优远景规划的任务”，《经济学和数学方法》，俄文版，1965 年，第 6 期。

的数学—经济的计算方面，立刻规定统一的方法？我们觉得，这样做还为时过早。目前，由于上述各因素的缘故，对这样的模型还是创造性地加以应用较好：要考虑部门的特点和其他具体条件，对模型结构本身和输入信息采取批判性态度，还要分析模型所得的结论，并在这些计算中进行必要的修正。在这样的形势下，拘泥于形式的统一方法，只会妨碍科学家和实际工作人员的工作。但是，出版一些方法指南之类的书籍倒是有用的，它们可以阐明这一问题的理论原则，并推广已积累起的经验。

日常计划工作的模型和利用它们的可能性

尽管日常计划工作的数学模型通常要比长期计划工作的模型简单一些，而且也可以更快地产生实际效果，但是，用数学方法计算短期部门生产计划以及使用数学方法的例子，却比长期计划工作领域中这方面的例子少得多。日常计划工作模型之所以具有上述优点，在某种程度上是因为在执行计划的过程中可以有许多方案，因而通过它们的最优化可以获得更大的效果。对某些部门(金属轧材、纸浆工业及其他)的计算表明，在增加生产能力和降低加工费用方面，还有着很大的潜力(大致为5%—8%)，这是通过最优化计算显示出来的。除了降低生产费用和运输费用以外，根据实际生产率而不是汇总的指标算出的生产计划，将更为可靠和具有更高的现实性。其次，通过最优化计算可以将一些订货合并，从而在生产率上得到相应的额外的增长，并更好地满足消费者的订货需求。最后，在那些生产能力方面有潜力并有可能加以调动的部门中，更改生产方案的组成可望带来甚至更大的效果。

日常计划工作模型之所以未能广泛应用，在很大程度上是由组织方面的原因造成的。部门发展计划的编制工作集中于几个主要的计划机构进行，它们虽然有编制部门发展计划的必要时间，但这也在很大程度上使这项工作在几个经济委员会之间割裂开来。结果，甚至到现在，仍然没有足够的时间来编制日常的计划。①

由此可见，必须解决在许多部门的日常计划工作中更广泛地应用最优化模型的问题，以及设计达到这一目标的方法和把这些方法结合到实践中去的问题。这对于下述目的来说是很重要的：获得相当迅速的效果，在短期内证实最优化规划的原则及可能性。这将提高人们对这些方法的恰当的评价，并促进它们的推广。在有关确定日常生产方案的结构和分配方面的计算，以及对这些计算的应用，将有助于积累经验、方法论的知识，以及改善部门发展计划所需的真实数据。应该记住，在编制日常计划时，在部门长期计划工作中所遇到的许多问题，现在都有了更具体和更明显的形式：商品的总量，生产能力的评价，生产工艺和生产组织方面的各

① 应该指出，苏联国家计委现已高度关注这些问题。各个生产部门也应予以重视，这是十分必要的，如果考虑到下述事实，即最近，基于机床操作或分配问题不同方案的这种模型的结构和计算方法，均已有所改进，那就更应如此。例如，苏联科学院西伯利亚分院数学研究所，已经解出了具有八千个约束条件和三十万个变数的这一类的问题（给轧钢机确定订货的最优分配的问题）。关于原始资料某些方法论的问题，也已获得解决。中央经济—数学研究所和其他组织已经解决了许多涉及生产方案的分配和专业化的日常计划工作模型的问题。用来分配生产方案的不完全确定的模型的发展，也是很有意思的，这种生产方案考虑到追加订货和需求结构的变化，保留了部分生产能力。但要预先假定，这些变化是接近生产能力的最优利用的。

种不同的方案，各种商品对消费者的效果，对需求的估计，运输费用的考虑，等等。其次，甚至部门中新投资问题的提出，也只有在最优地利用现有生产能力的问题获得解决以后，才能被证明是充分有根据的。最后，关于利用现有生产基金和评价它们在总计划中的效果的最优计算，为建立进行经济改革所需的许多指标，编制一个有根据的销售计划并将其分配于各企业之间，制定有差别的基金占用费和利润率，以及规定部门不同类型产品价格的关系，提供了客观的数据。

迅速编制出部门的最优日常工作计划和合理分配生产方案的最优日常工作计划，并付诸实施，是很必要的。这样做可以在不久的将来，就在工业和农业中产生巨大的经济效果。正如国外经验以及苏联农业经济研究所和苏联科学院西伯利亚分院所进行的工作所表明的，农业生产分配方面的最优计划是完全可行的，它将导致经济指标的显著改善。首先，这种最优计划将采取有科学根据地规定各类谷物播种面积的最优结构，以及个别农业企业乃至国家各个大区专业化的形式。这些经济分析方法的效果——特别是当应用于农业灌溉问题时——已经在 1967 年 3 月于诺沃西比尔斯克召开的专门讨论这些问题的一次会议上，得到了证明。

我们还必须探讨另一个与最优化部门计划工作有关的问题。许多部门现在都已开始了自动管理系统的工作。毫无疑问，采用部门管理和信息流（documentation flow）自动化和机械化的有效手段，将有助于部门计划工作和经济中许多问题（包括最优化规划方法的利用的问题）的解决。但是，如果认为管理的自动化是在部门的日常管理和长期管理中实现最优化原则的初步和必要的前提，那就不正确了。正如许多实行最优化管理的经验所表明的，利用现有的机械化手段(例如机械化计算所)和其他机构的计算机设备，即使在实现管理自动化以前，最优化计算也能够很有效地进行并取得成功。如果有一个在经济核算基础上经营的能够提供数学方面的优良服务的计算中心系统，这方面的工作还能大为改善。另一方面，最优化原则的发展，甚至部分实现，使有可能对自动管理系统的要求具体化，更好地理解这种系统的结构以及必要的技术手段和信息流(flows of information)。总之，要求两方面的问题必须相互联系地同时获得解决的想法，只会阻碍，而不是促进这些问题的解决。

部门的技术政策和经济政策模型

除了部门发展总的方案外，还会遇到许多涉及基本上决定着部门的技术政策的最有效的一套技术问题解决办法的问题。如何选择这些解决办法的问题，是和它们的经济效果不可分割地联系在一起的，必须考虑各种不同的因素，同时加以解决。在部门中也会遇到许多涉及经济政策(关于价格、物质刺激和个人物质关怀、租赁费、资产的利用、流动资金定额和储备定额的设置、投资的分配等的政策)的问题。在一个新的基础上——在数学最优化规划方法的基础上——解决这些问题的可能性，将推动经济学家们对工艺和生产做深入的研究。下面我们将局限于这方面的某些问题来进行研究(由于有关技术政策和经济政策的问题是密切地交织在一起的，我们不把它们分开)。

设备的结构组成。在补充现有企业的设备和计划新企业的设备时，会遇到准备各种可互换的设备型号的问题(不同生产能力的设备，通用设备和专用设备，具有不同自动化程度的设备)。在变动的和不均衡的生产方案或者不能确定的生产方案的情况下(如季节性波动，对需求和订货单的依赖等)，这个问题更难解决。例如，农业机器—拖拉机站就遇到了这些问题，并采用了数学—经济分析和计算。苏联科学院西伯利亚分院数学研究所和全苏机械化研究所一起，已经研究出了解决这些问题的方法。在动力工程、建筑业、机器制造业和运输业，也遇到了这些问题。这些问题的解决，不仅对于使用该项设备的部门，而且对于生产该项设备的部门来说，都是很重要的(对后者来说，确定应生产的拖拉机型号的范围，所生产的各种类型和型号的机器的合适比例等)。最后，这对于恰当地确定某些新类型设备的经济效果来说，也具有重要的意义。

在设备的获得和注销方面的技术政策，机械—拖拉机站的年龄结构，折旧费用。在不均衡地使用设备的情况下(这对许多部门来说，都是典型的现象)，恰当的技术政策在设备的获得和注销方面也起着重要的作用。对相应模型进行数学分析，就有可能实行一种恰当的技术政策和相应的机器—拖拉机站的年龄结构，从而大大减少投资量。这种分析使我们能够更精确地规定有效的大修理的条件，并得出有关基金占用费的大小和折旧费结构的重要结论。对后者来说，最好分为日历时间的折旧和工作时间的折旧，根据机器磨损的程度(工作年龄)实行有差别的折旧。这样来提取折旧将能改进设备的利用并更恰当地进行设备的补充。

这种分析还要求从折旧的考虑出发，提高投资效果计算的质量，而且这一点也必然反映在部门发展模型的计算中。这样的调整将改进模型的结构，并将为设备建立比房屋和建造物更有利的条件。①

新机器的采用。新机器的采用要求正确确定新机器产量的动态，以及新机器取代以前的机器的步骤的动态。一个恰当的最优化模型也能用来解决这些重要的问题。这一模型是根据下列数据建立起来的：可能的采用新机器的领域；对新机器的需求量；在每个这样的领域中，与旧设备相比，采用新机器的效果；生产新机器的可能性。在这一模型的基础之上，我们就能计算新机器或者一般来说新商品的产量的动态，相继采用新机器的各领域，价格和费用的动态。在一切情况下，我们考虑的都是国民经济最优化条件。

由于在某些时期，新机器的生产可能是亏损的，或者是利润很低的，我们觉得，在这些时期，必须对生产新机器的企业或者对消费者，实行政府补助的办法。为了这一目的，最好是建立一项用于补助新设备的、数量颇为可观的专门基金。这项基金可通过从那些在生产中已被熟练掌握并已获得广泛应用的产品类型的销售利润中提成而建立。如果缺乏这样一种基金，而让组织新机器生产的企业，或者让消费者来负担费用差额，就会使负担者处于困难的境地（例如，当某轮船公司在购进一个新系列的第一条船时，它的

① 参阅康托罗维奇所著的“最优化规划系统中折旧的计算和新技术效果的评价”，《数学—经济问题》，列宁格勒大学出版社，俄文版，1966 年；康托罗维奇及 И. В. 罗曼诺夫斯基合著的“在最优利用设备的条件下的折旧费”，《苏联科学院学报专集》，俄文版，1965 年，第 162 卷，1015—1019 页。

支出几乎超过同一系列中后来生产的船只的一倍)。

对部门产品的需求和对需求的影响的分析。产品目录和商品的构成必然具有更大的动态。与其根据量对它们进行评价,还不如根据它们对购买者的效果来对它们进行评价。为了做到这一步,必须系统地研究某种既定的商品的效果和对它的需求(还有对新型号商品的潜在需求)。如果是生产资料,这种研究可能比对消费资料进行的研究简单一些,而且可以通过更客观的方法来进行。在后一种情况上,除了统计方法和在需求方面的数据以外,为了评价使用价值和需求的大小,还可以利用别门科学(例如生理学和医学、心理学)的数据,以及社会学的研究(例如客运类型的比较,不同住宅类型和施工方法的比较)。在研究过程中,重要的是,既要确定个人的偏好,也要从整个社会的角度确定各种消费类型的效果。

不能只是消极地研究对产品的需求。部门必须有效地影响需求,刺激消费者增加对那些在消费和生产方面都特别有效的商品型号的需求和订货。可以举出以下一些能够促进对各特定商品型号的需求及其销售的措施:经济措施(价格、折旧费、津贴、税收、信贷)、技术措施(维修服务)、宣传和广告;在某些情况下,还可以采取行政措施和计划措施。特别是,有些服务部门(例如电力、修理、运输)要求对其提供的服务能有一个比较均衡的和及时的需求,这时就可以利用数学模型来计算费用和价格,从而在生产费用和投资方面获得相应的降低。

这一切表明,必须在实践中更大胆地采用经济科学的结论和建议。我们必须像关注技术进步成果的利用那样,同样严格地关注经济进步成果的利用。管理人员必须对未被利用的潜力和减少的收入，承担与他在造成亏损时同样的责任。在一些还不能十分肯定的问题上，我们必须依靠经济试验，而不能害怕具有一定程度的风险。

价格和各项经济指标。除了整个部门总的价格水平（它是根据国民经济的计算和分析决定的）以外，对部门生产的各种商品型号来说，还应该有一个恰当的价格结构，这一点是很重要的。计算各种商品型号的价格时，必须同时计算有差别的基金占用费、利润率、租赁费、矿山租赁费（mining rent），并考虑商品的可替换性和保证消费者合理利用各种商品的问题。在解决这一问题时，可以利用模型、计算方法，以及最优化规划的各种概念。在这里，甚至批发价格和成本会计支付款项也必须折合为影子价格（达到第一近似值就可以了）。然而事实上，由于非线性、整数值性、动态性、资料的不完全，以及经济核算的独立性和各种关系，这些价格可能偏离影子价格颇远。必须利用价格政策实现价格中的这些转换，在考虑上述诸条件的同时，价格政策通过价格和其他经济杠杆，使经济有可能行使最优化职能。其次，在部门价格政策中，起决定作用的因素必须是整个国民经济的效果，而不能是部门的特殊利益。虽然零售价格的形成无论就其水平或各种关系来说，都与批发价格根本不同，并且必须服从于它们自己的要求，从而必须用其他模型来说明，但仍然会遇到这些类似的问题。

此外，价格和费用必须比现在具有更大的差别——按不同季节，按订货和交货的不同条件，按订货的不同规模，在某些情况下，还要按不同的消费者和品牌。在许多情况下，销售可以为出租或

暂时使用所取代。在部门内，必须在考虑部门各特点之后，实行这样一种以一贯的共同原则为基础的价格差别。即使是根据新的价格结构计算价格表的方法本身，也要按不同的部门制定。内部结算价格和费用也必须在部门的范围内形成。

部门必须做出有关它的发展、它的工艺和经济指标，特别是有关价格和费用水平的科学预测，并通告消费者。所以这些问题都必须根据恰当的数学模型，联系统计数据和定额数据科学地加以解决。

数学模型和最优化规划的一般原则，也必须在相当大的程度上应用于部门管理的建立和管理职能的行使。这些模型和原则必须成为部门计划和经济管理手段的稳定的组成部分。

13　最优化规划系统中的折旧费和对新技术效果的评价*

最优化规划模型的研究极其重要，这不仅由于它本身的原因，而且还因为它为我们提供了一种有效的手段，用以对社会主义经济的一般问题和专门问题，进行量的和在某种程度上质的研究；而社会主义经济的性质，本来就与最优化规划是一致的。在诺沃西比尔斯克召开的最优化规划理论和试验研究的会议上，我们对诸如价格的形成这样一些主要的问题也给予了高度的关注。在该次会议上，B. C. 涅姆钦诺夫及 B. B. 诺沃齐洛夫，也就价格形成问题发表了非常有意思的论文。我们坚持价格形成方面的合理原则，同时在价格与最优计划的关系方面，我们持有类似的但更为一元论的立场。我们相信，价格的直接计算（而不是按各组成部分来计算）更为可行和合理。我们已在其他论文中阐明了我们的观点。但是，所有这些建议显然都还不具有明确的性质，它们将通过进一步的研究、讨论和实际应用方面的经验，而逐步明确起来。

同诸如价格形成及投资效果这些一般的问题一起，最优计划的分析，为许多更具体的经济问题获得更有效的解决（以及这一解

---

* 原载于《数学—经济问题》，俄文版，列宁格勒，1966 年。

决方式的客观根据)提供了手段。顺便说一下,这些问题的研究,对于更具体并详尽地研究计划工作和经济指标体系的一般问题来说,也是重要的。

在本文中,我们是从这一方面考虑折旧费更合理的数量和形式的问题,新技术的效果和合理的设备更换顺序的问题(我们只是十分粗略地触及后一问题),以及确定新设备的价格问题的。[①] 在我们所进行的某些具体研究中,例如,在计算拖拉机和农业设备基金的最优结构,研究卡车运输的利用,以及计算合理的出租汽车费用时,我们感到有必要使我们关于折旧的概念更为明确。

折旧费的正确计算和折旧提成的确定,对于计划经济分析和经济核算,特别是对于解决下述有关问题来说,具有重要的意义:

a. 在设备使用上应该承担的国民经济费用的估价;

b. 最合理的设备利用的选择,以及为保证这一选择的正确刺激制度;

c. 利用此项设备生产的产品成本的确定;

d. 建立和利用设备的费用的回收的计划工作(应该指出,在社会主义经济条件下,经常出现这样的情况,即费用的偿还可能并非直接实现,而是通过其他部门达到的效果而实现)。

有很大一部分可以被分析的问题,仍然远没有得到充分详尽地阐明,所以对于其中的某些,我们只能限于问题的表述,或者指

---

① E. A. 布拉夫斯基和苏联科学院西伯利亚分院数学研究所数学—经济研究室的许多同事,参与了这一研究。

出解决问题的一般原则。遗憾的是，我们也无法在本文中加进对于不同种类设备的具体说明材料。

如所周知，在涉及折旧的问题上（例如，关于社会主义经济中设备废弃的作用）存在着许多不正确的看法。即使现在也还存在着许多可争论的未解决的问题。我们觉得，利用最优计划的最优化原则和指标，可以对其中许多问题加以澄清。这种分析导致对许多见解重新做认真的考虑，使我们能够得出有意义的实践结论。

计算更换的费用，这是我们考虑的主要问题，它与冻结于投资中资源的计算（当某些设备已经生产出来时）有着十分密切的联系，或者换句话说，与时间因素有着十分密切的联系。因此，在计算更换的费用时，要采用一种可以评价投资效果的方法论，这一点非常重要。

大家知道，苏联国家计委和苏联科学院所选定的计算投资效果的方法论中，包括了这一观点，即当选择投资时，必须考虑时间因素（通过投资效果定额的形式）。[①] 但这一方法论在某种程度上具有折中主义的和不一致的性质。例如，当比较几个方案时，它推荐一个采用贴现价值（它在数学上类似于生产价格）的公式，但在计算现行经营费用和相对投资时，却又否定了这一公式。这种不一致性也表现在对翻新设备提取折旧的计算上，通常翻新费用都

① 在这一点上，我们认为，B. C. 涅姆钦诺夫由于在下述问题上发展并坚持了正确的观点，因而做出了重大贡献。这些问题是：关于计算社会主义经济中的投资效果，最优化原则在评价投资效果方法论中的作用。遗憾的是，这个方法论在其理论方面，仍然远没有充分利用和实现哪怕是涅姆钦诺夫战前在这方面的著作中所提出的建议。

按当年计算，并不按费用发生的不同时间进行贴现。

在我们联系最优化规划原则进行的折旧费的分析中，我们将利用由最优长期计划所规定的一组动态影子价格。但是，在某些情况下，当工业品不是作为消费稀缺原料而生产时，则它们的一组动态影子价格，在结构上接近于生产价格的公式（具有一个单一的、客观决定的投资效果定额）

$$c = S + \alpha K, \tag{1}$$

式中，S 为现行经营费用，K 为投资，α 为投资效果定额。我们从用来计算国民经济费用的结构公式着手。为简便起见，我们假定 α 为常数，同时采用补偿不同时期费用的适当规定。因为我们已经指出，我们将前后一致地考虑折旧费，以及由于投资被冻结而造成的费用（时间因素）。

如果设备的荷载不变

我们从最简单的情况开始，即不考虑设备因陈旧过时而被废弃（也就是说，不考虑技术进步），同时还假定，在设备的整个使用期间，它的操作性能、生产率和与设备使用有关的费用均保持不变。小修和大修的支出假设包括在经营费用之内。设备利用的条件（和强度）假设为已知且保持不变；设备的使用时间为 n 年，它的购置费用为 K 卢布，同时它的再卖价值（resale value）为零。

进行比较时，我们考虑补偿费用是能在一个无限制的（理论上说，无穷大的）时期内，提供一定的设备的。在这样的情况下，如果假设一台机器已使用了 i 年，则未来的更换费用为

$$K_i = \frac{K}{(1+\alpha)^{n-i}} + \frac{K}{(1+\alpha)^{n-i+n}} + \frac{K}{(1+\alpha)^{n-i+2n}} + \cdots$$
$$= K\frac{(1+\alpha)^i}{(1+\alpha)^n - 1}$$

(就是说，把 $n-i$ 年后，再过 n 年后，如此下去，购置机器的贴现费用加起来)。特别是，

$$K_0 = K\frac{1}{(1+\alpha)^n - 1} \text{ 且 } K_n = K + K_0。$$

利用系数 r_i 来计算已经使用了 i 年的机器的价值的减少，是很有用处的。这一系数表明了由于该机器目前还存在的价值而引起的更换费用的相对减少：

$$\boldsymbol{r}_i = \frac{K_n - K_i}{K_n - K_0} = \frac{K_n - K_i}{K} = \frac{(1+\alpha)^n - (1+\alpha)^i}{(1+\alpha)^n - 1}。$$

可以看到，当 an 的值很小时，上式接近于通常所假定的

$$\boldsymbol{r}_i \approx \frac{n-i}{n}。$$

折旧费 d_c 是以如下假设为依据的，即折旧费(假如设备利用的条件和强度均保持不变，则折旧费理所当然地被假设为在整个时期内不变的)能补偿整个时期内设备的购置和维修费用：

$$d_c \cdot \sum_{j=1}^{\infty}\frac{1}{(1+\alpha)^j} = \frac{d_c}{\alpha} = \frac{K(1+\alpha)^n}{(1+\alpha)^n - 1},$$

式中，

$$d_c = \alpha K\frac{(1+\alpha)^n}{(1+\alpha)^n - 1}。\tag{2}$$

(当 an 之值很小时，$d_c \approx \frac{K}{n}$。)

将根据这一公式而算得的各不同时期的折旧费(按 K 计算

的)，与根据通常的公式 $d_c=\frac{K}{n}$ 算得的折旧费相比较，以及与根据“计算投资效果的方法论”在计算产品的补偿费用时采用的花费于设备上的费用的价值，亦即根据公式

$$d_c=\frac{K}{n}+\alpha K$$

算得的折旧费相比较，是很有意思的。

按不同方法算得的折旧费的比较

使用时间(年)	按公式 $d_c=\frac{K}{n}$	按公式 $d_c=\alpha K\frac{(1+\alpha)^n}{(1+\alpha)^n-1}$	按公式 $d_c=\frac{K}{n}+\alpha K$
1	1.0000	1.2000	1.2000
2	0.5000	0.6545	0.7000
3	0.3333	0.4748	0.5333
5	0.2000	0.3345	0.4000
7	0.1429	0.2772	0.3429
10	0.1000	0.2389	0.3000
15	0.0667	0.2139	0.2667

我们在上表中列出了当 $\alpha=0.2$(偿还期为五年)时的数据。从比较中可以明显地看出，按照通常公式进行的计算，大大低估了更换费用，而根据被承认了的方法论计算投资效果时，却又夸大了对更换费用和时间因素所造成的冻结资金的费用的评价，只有表中第 3 列的计算，才正确地处理了时间因素的影响。

这里我们是把设备的使用作为一个整体来考虑的，如果设备是由各个可以个别更换的部件组成的，则折旧费可根据各个别部件磨损的数据进行计算。

我们可以区分两种决定磨损的因素：设备的日历时间(引起锈蚀等)和实际工作时间。换句话说，设备的磨损决定于它的利用强

度。我们认为，耗损的设备可以用下面半经验的公式很好地表现出来：

$$J=\gamma n+\beta t, \tag{3}$$

式中，n 为使用时间，t 为打了折扣的工作小时数（或其他计算单位，例如吨公里数或产品数，它们表明设备在该段时期内的工作量）。通过恰当地选择乘数 γ 和乘数 β，全部折旧资源可以取它等于1，因为只要 $J\leqslant 1$，设备就仍然有用。

通常采用的或者用日历时间或者用工作时间说明物质磨损的定额，都是在 $\beta=0$ 或 $\gamma=0$ 时计算的公式(3)的特殊情况。对于一个给定的生产过程（一年为 τ 工作小时）来说，使用期限可规定如下：

$$\gamma n_0+\beta\tau n_0=1;n_0=\frac{1}{\gamma+\beta\tau}。$$

不过当一台机器使用于不同的生产过程时，仍然可以利用公式(3)来考虑磨损。

折旧费可以根据一台机器的平均利用率和平均使用期限用公式(2)来计算：

$$d_c=\alpha K\frac{(1+\alpha)^{n_0}}{(1+\alpha)^{n_0}-1}=\alpha K\frac{(1+\alpha)^{\frac{1}{\gamma+\beta\tau}}}{(1+\alpha)^{\frac{1}{\gamma+\beta\tau}}-1}。$$

当在给定的一年中，机器的工作小时数偏离平均量 τ 达 $\Delta\tau$ 时，折旧费必须加上以下一项来调整：

$$\frac{\mathrm{d}d_c}{\mathrm{d}\tau}\Delta\tau=\frac{\mathrm{d}d_c}{\mathrm{d}n_0}\cdot\frac{\mathrm{d}n_0}{\mathrm{d}\tau}\Delta\tau=\frac{\beta n_0^2\ln(1+\alpha)}{(1+\alpha)^{n_0}-1}d_c\Delta\tau,$$

它考虑了设备的额外磨损。换句话说，如果工作小时数一小时偏离 τ，折旧费就必须增加或减少以下的量：

$$\frac{\Delta\ d_c}{\Delta\ \tau}=\frac{\beta n_0^2 \ln(1+\alpha)}{(1+\alpha)^{n_0}-1}\cdot d_c$$

如果我们限于 $\gamma=0$ 的情况，这时，磨损只取决于设备的利用，则 $\beta n_0\tau=1$，上式可写成如下形式：

$$\Delta\ d_c=\frac{n_0 \ln(1+\alpha)}{(1+\alpha)^{n_0}-1}\cdot\frac{\Delta\ \tau}{\tau}\cdot d_c=kd_c\frac{\Delta\ \tau}{\tau}。$$

式中，系数 $k=\frac{n_0 \ln(1+\alpha)}{(1+\alpha)^{n_0}-1}$ 小于 1；当 αn_0 之值很小时，它接近于 1。由此可以看出，增量的、按小时微分的折旧费小于平均值。在这样的情况下，最好把折旧费分成两部分：一部分比例于设备的利用时间，另一部分比例于日历时间。① 如果设备利用了 τ' 小时，折旧费将为

$$d_c'=d_{c_1}+d_{c_2}=(1-r)d_c+rd_c\frac{\tau'}{\tau}。$$

当设备利用小时数 τ' 与平均值 τ 相符合时，折旧费即等于 d_c。

例题。假设 $\gamma=0$，$\beta=0.00005$，$\tau=4000$，$n_0=\frac{1}{\beta\tau}=5$，$\alpha=0.2$。我们可得

$$k=\frac{5\ \ln 1.2}{(1+0.2)^5-1}\approx 0.61。$$

因而在这一情况下，

$$d_c'=(1-k)d_c+k\frac{\tau'}{\tau}d_c=0.39d_c+0.61\frac{d_c}{\tau}\tau'。$$

---

① 应该指出，这种按日历时间和工作时间而有区别地提取费用的办法，当制定不同类型的经营费用定额、修理费用定额和机器使用期限较短的个别零部件的更换定额时，也是适用的。还应指出，当 $\gamma=0$ 时，这种差别仍然是必要的，因为在这样的情况下，它反映了资金的被冻结。

这就是说，在正常荷载的情况下，61％的折旧费取决于荷载，而39％的折旧费则与荷载无关。这种将折旧费分成两部分并根据设备利用强度而提取折旧费的办法，可以刺激更强化的对设备的利用，消除不必要的停工和低效率地利用设备。

应该指出，当个别类型设备的实际工作时间难于计算时，可以通过产品产量的数据来进行计算，即将折旧费分成两部分，一部分折旧费与产品产量无关，而另一部分折旧费则比例于产品数量，产品数量是根据每单位该种产品所需定额机床时间计算出来的。但是，采取这样的形式时，只有当工作制度与一般相差不很悬殊时，才能利用这些刺激措施。当工作体制间存在着重大差别时，折旧费的问题，不能离开最合理地利用和分配设备的问题而孤立地加以解决。

不均匀的机器荷载的情况

实际上，一台给定的设备可能以不同的强度应用于不同的条件。这时，获得设备和利用已经得到的设备的最优顺序的问题，必须利用最优规划的方法加以解决。为了弄清楚上述情况将怎样影响折旧费，我们将在真实的具体条件中（这时，像这样一种最优分配将以合乎本来规律的方式来确定）来考虑这一问题，因为即使是对这种比较简单的情况的分析，也能带来毫无疑问的好处。

根据高峰荷载决定必要的设备数量的情况，也就是说，必须为最大需求的时期做准备，是完全正常的。与此同时，在其他时期中，现有设备中只有一部分能够得到利用（拖拉机、出租汽车、机器、动力设备)。荷载曲线如下图中所示。例如,70 台机器的最大荷载只能延续 300 小时;在下一个 100 小时的时期中,只需要 60 台机器就够了,等等。细线表明荷载的分布,粗线表明全部小时数,在该时期中,荷载至少要与水平轴上标明的数相等。我们用 τ 表示每台机器的平均工作小时数(图中虚线)。为简便起见,假设 $\gamma=0$,于是一台机器的使用时间为 $n_0=\frac{1}{\beta\tau}$。

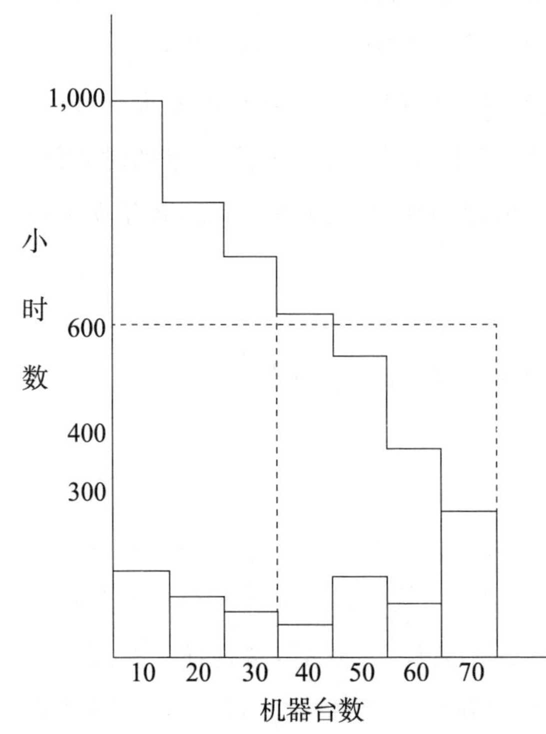

我们假设各荷载水平 $l_1\leqslant l_2\leqslant\cdots\leqslant l_r$ 均为同一数的倍数,或者更确切地说,$l_i=iM$。假定荷载不小于 l_i 的时间等于 τ_i。很明显,$\tau_1\geqslant\tau_2\geqslant\cdots\geqslant\tau_r>0$。

获得和使用机器的最优程序表如下。将机器的全部数量 rM(它是为高峰荷载准备的)分成 r 等份,第 i 部分将在$\frac{n_0}{r}$年中发挥作用,且在 $\tau_i\frac{n_0}{r}$小时中具有荷载。(我们假设工作时间是持续不断的,因而无须整年保持完全相同的工作制度。)每$\frac{n_0}{r}$年我们获得 M 台新机器,有 M 台磨损了的机器要注销，余下的机器转移给具有较低工作强度的小组（从第 i 组转移到 $i+1$ 组）。

如果在开始点，我们有 M 台机器，它们已操作 $\frac{n_0}{r}\sum_{j=1}^{i+1}\tau_j$ 工作小时（$i=0,\cdots,r-1$），则最终形成的程序表将是固定不变的，而一定状态的生产过程将每隔 $\frac{n_0}{r}$ 年重复发生。如果出现了这样的情况，即生产过程的最初状态不能满足比例性条件，但只要 M 之值能足够大，则生产过程仍能导致一个稳定的成比例的状态。

现在我们来考虑一个更简单的情况的例子，这时 $M=1$，$r=2$。在这一情况下，我们假设

$$\frac{1}{(1+\alpha)^{\frac{n}{2}}}>\frac{\tau_2}{\tau_1+\tau_2}。$$

已操作了 r 小时的一台机器的折旧费为①

当	对于Δt 年的使用时间来说	对于 Δτ 个工作小时来说
$r\leqslant\frac{n\tau_1}{2}$	$\{\tau_1[(1+\alpha)^{\frac{n}{2}}-(1+\alpha)^{\frac{r}{\tau_1}}]+\tau_2[(1+\alpha)^n-(1+\alpha)^{\frac{n}{2}}]\}S\Delta t$	$(1+\alpha)^{\frac{r}{\tau_1}}S\Delta\tau$
$r>\frac{n\tau_1}{2}$	$[(1+\alpha)^n-(1+\alpha)^{\frac{r}{\tau_2}+\frac{n}{2}-\frac{n}{2}\cdot\frac{\tau_2}{\tau_1}}]\times\tau_2 S\Delta t$	$(1+\alpha)^{\frac{r}{\tau_2}+\frac{n}{2}-\frac{n}{2}\cdot\frac{\tau_1}{\tau_2}}S\Delta\tau$

式中，

$$S=\frac{K\ln(1+\alpha)}{[(1+\alpha)^{\frac{n}{2}}-1][(1+\alpha)^{\frac{n}{2}}\tau_2+\tau_1]}。$$

① 在我和 И. В. 罗曼诺夫斯基合写的其他论文中，更详细地探讨了这一模型。

对具有所需的最优机器数量的各个时期，分析它们在完成操作中引起的有差别的费用时，会导致下述乍一看来意想不到的结果：

1. 折旧费被独特地分为日历使用时间的折旧费和工作时间的折旧费。

2. 折旧费的大小视机器类型和磨损程度（使用时间）的不同而有所差别。对旧机器来说，日历时间折旧费必然大大低于新机器的相应折旧费，而工作时间折旧费则必然高于新机器的相应折旧费。两种折旧费之间存在着这样一种比例，它能使机器得到最优利用（在合理的机器数量之下）。特别是，它能证明，只有在高峰时期才可以利用已磨损的旧机器。与此同时，由于旧机器的日历时间折旧费很低，因而企业也并不急于很快就把它们加以注销。

目前，实行单一的折旧率和单一的计划指标的做法（例如在农业中），使人们不关心保留旧设备以备高峰时期之需，有时候反而引起高峰时期超过需要的设备被过早地更换。

3. 工作时间的折旧费必须视荷载大小，而在各时期有所不同。对于非高峰荷载，折旧费必然要减少（但当前的情况往往是恰恰相反）。

4. 在确定时间费用时，我们需要发展和应用更有差别的和更详尽的折旧费的计算。这种计算的机械化，使得进行更有差别的计算完全成为可能。

5. 将折旧费的计算看作上述诸原则的一种作用，将来在投资效果方面引起重大的改变。

我们还要简要地探讨一下，是否可能考虑对折旧费计算的另一些影响。

对许多机器来说，随着使用时间的增加，会出现生产率的下降、经营费用的提高（材料和燃料）、修理费用的增加，等等。如果我们具有必要的数据，这些都完全可以加以考虑。这表明了需要对折旧费进行微分和再分配，也就是说，在早期应有某些增加，而在后期则应有某些减少。

对第一类陈旧过时（即特定设备生产费用的降低）的考虑，已经导致折旧费的再分配，即增加机器使用年限中早期的折旧份额。关于第二类陈旧过时（即对技术进步的考虑，具有更好性能的该种类型设备的新样式的出现），在它可以被预见的范围内（具体地或一般地说），也将引起同样的后果。

还应指出，当设备的实际数量和组成与其最优数量和组成之间存在着差别时，我们可以联系这种或那种设备供应上的不足或过多，而在折旧费上进行调整。一般地说，原先确定的折旧费的数量，必须因技术进步和经济状况及其发展而进行调整。

在扩大再生产、工艺改进和技术进步的过程中，设备不断地在更换。由此也就产生了解决许多有关经济问题的必要性，诸如用新设备更换旧设备的合理顺序和阶段的问题，在不同时期中这种或那种设备的生产水平的问题，新设备的正确使用问题，以及在不同时期中旧设备和新设备的价格水平与折旧费的问题。

我们觉得，分析用新设备更换旧设备的最优计划，就能对所有的问题提出一个令人满意的和前后一致的解答。这些问题包括：确定中止生产旧设备的时间，同时提出一项发展新设备生产的计划；确定不同地区转换到新设备的时间；确定完全停止使用旧设备的时间;以及规定所有时期内新、旧设备的价格水平和折旧费。

这种依靠一个最优规划动态模型而进行的分析,必须正确考虑生产这种或那种设备及其用于不同企业的可能性,以及在不同条件下,利用某几种设备的经济效果。这样,我们就能考虑恰当的价格和折旧费水平,它能促进最优利用和更换的顺序,并且使新设备的生产及其在理应采用的地区的应用成为有利可图。

我们觉得,本文所提出的各种问题,可以在一般理论机构和个别工业组织之内,成为有兴趣的和必要的研究课题。

14　科学技术进步的经济问题*

在发达的社会主义时代，科学技术的进步是进一步增加社会生产效果的基本手段。科学的水平，新的科学技术发展和发明的意义，以及在生产中采用这些发展和发明及其推广的速度，决定着一个国家的经济潜力。科学成了社会主义经济发展中的直接生产力和决定性因素。

国民经济用于科学和工艺的支出，也无可比拟地增加了，它已成为国民经济支出的基本项目之一。由于这一原因，国民经济的发展，在很大程度上决定于对科学技术进步的计划和管理。怎样才能保证科学和工艺的最快发展？为了这一目的，应该分配哪些资源？在哪些方面它们能够被最有效地利用？科学和工艺的哪些成就应该在国民经济中加以应用，应该在何种规模并按何种顺序加以应用，以便在保证国家的工业和国防潜力，以及提高人民生活水平方面，得到最大的效果？我们经济的未来成就，在很大程度上取决于这些问题的正确解决。

虽然社会主义制度为技术进步的发展及其在国民经济中的应用创立了非常有利的条件，但实现这些优越性却要受到计划工作

---

* 原载于《经济学和数学方法》，俄文版，1974 年，第 3 期。

和技术—经济计算的质量以及经济指标体系的影响。为了达到“科学工艺革命的成就与社会主义经济制度的优越性的有机结合”[①]，我们不仅必须加强自然科学和技术科学的研究，同样也必须加强社会科学特别是经济学的研究。

在这方面，我们不能不指出，近十年来经济研究的活跃程度已显著增加，经济理论与经济实践的重大要求已更为接近，而且由于采用了与数学和控制论的应用有关的方法，经济理论已日益丰富。具有现代训练水平的科学干部已经成长起来。同时，随着经济的改革，在经济实践中也出现了巨大的变化，特别应该一提的是，已经在经济核算和价格中引入了资金密集性的概念。已经实行了各项改善管理、计划工作、供应和价格形成的措施，这些措施在某种程度上也是以新的经济研究为根据的。

然而，许多经济学家和管理人员仍然没有掌握，也不能系统地应用这些新方法。将这些方法应用于和科学技术进步有关的问题，尤为重要。计划工作和建立经济指标的传统方法，仍然在经济实践中占有重要的而且往往还是统治的地位。对于有关旧的产品类型和逐步的惯性的经济发展的问题来说，单纯依靠根据已达到的水平安排计划的平衡表法和应用平均指标所得的结果，在某种程度上还是可以接受的，但是，当我们转向科学技术进步的经济问题，转向生产和推广新产品的经济评价，在基本方面属于新生产方法的经济评价，新的原料资源的经济评价，以及转向具有多种方案

① 《在苏共第二十四次代表大会上的总结报告》，俄文版，勃列日涅夫，莫斯科，政治出版社，1971 年。

和推动力(dynamism)的问题时,传统方法就显得无能为力了。

指标体系和经济措施应该为科学技术的进步创立有利的条件,应能保证各级领导关心并采取适合于当时、当地的最有效的形式在短期内提高这种进步。把有关经济的最优化规划和最优化运行的苏联学派的成就和结论,应用于计划工作和经济实践,对正确解决技术进步的问题具有重大的意义,下面我们就来探讨一下苏联学派的这些成就。

不过由于科学技术革命而产生的经济问题都是很独特的,因而在分析这些问题时,我们不能仅限于利用早已阐明了的方法论。这一方法论必须加以实质性的发展,还必须做许多认真的研究。

科学技术的进步和经济管理问题

科学和技术高速度的进步,使经济管理问题大大复杂化了,它要求人们丰富管理方法,以便能把这些新条件考虑进去。如果我们是在研究远景计划工作(中期计划工作,特别是长期计划工作),就要用一个这类计划工作的最优动态模型作为基点,这时,我们就必须具备下述原始数据:经济的初始状态,报告时期的劳动资源和自然资源,标准技术矩阵,以及最终消费结构。但是,在科学技术高速进步的条件下,建立未来时期的这些数据是极为困难的(除了比较稳定的人口统计数据以外),特别是,由于在某种程度上还要考虑到计划以后时期的这些数据(它们也包括在最优化标准之内)以便评价经济的最终状况,这就更增加了问题的复杂性。对于技术系数矩阵来说,上述困难尤为显著,在技术系数矩阵中,可能出现一些完全新的、未曾预见到的方法。技术进步也使自然资源的预测复杂化，并使最终消费结构发生显著的改变。在这一点上，特别是对于比较长的时期来说，预测在长期计划工作中的作用增加了。原始数据的不确定性和不稳定性，要求改善长期计划工作中的计算方法，例如，对不同时期采用不同的集聚水平(level of aggregation)，以及采用随机规划的方法。按照不断的计划工作的原则，用这些方法算出的解答，只对计划时期(尤其是第一个五年计划时期)的最初部分具有最终的性质，而在剩下的时期内，必须根据新数据更精确地计算解答——新数据主要是由于科学技术的进步而改变的。

科学技术进步的加速，不仅对经济计划决策的选择提出了日益增长的要求，而且也越来越迫切地要求一个经济系统在根据新条件有效地改变其结构方面具有一定的灵活性。从这一观点出发，人们必然更愿购置具有一般用途的通用设备，而不想要用途狭窄的专门设备(即使前者的经济效果略低)，因为在改变了的条件下，前者仍然可以得到利用。

可以利用最简单的单一产品的模型，对一个经济系统的发展进行综合分析，并考虑技术进步对一个经济系统的动态所产生的影响。在这种模型的基础上，可以研究技术进步对最重要的经济特性的影响。

我们来考察一个生产单一产品的经济系统，产品的一部分用于消费，而另一部分则用于增加固定资产和流动资金，不过在本模型中，我们并不将后者加以区分。

如果假设生产基金可以即时转化并考虑到技术的进步，这样一个模型可用以下方程式来说明：

$$\frac{\mathrm{d}K(t)}{\mathrm{d}t}=P(t)-V(t)=e^{\delta t}U[K(t),T(t)]$$

$$-V[t,T(t),K(t),P(t)],\tag{1}$$

式中，$P(t)$为净产品或国民收入的数量；$V(t)$为单位时间的总消费。生产函数$U[K(t),T(t)]$表明在具有生产基金$K(t)$和劳动资源$T(t)$的条件下，在单位时间内能够生产的净产品的数量，δ表示平均的技术进步速度。

经济系统的一个重要参数（投资效果定额η_e），可以在这个模型的结构内加以确定。为了计算η_e，我们得到下式：

$$n_e=\frac{\frac{1}{P}\frac{\mathrm{d}P}{\mathrm{d}t}-\frac{T'}{T}-\delta}{1-\frac{V}{P}-\frac{T'}{T}\frac{K}{P}}。\tag{2}$$

这一公式中所有的值，都具有清晰的经济含义。特别值得一提的是，这个模型可以用来研究技术进步对η_e和经济系统其他特性的影响。

没有生产基金可以即时转化这条假设的类似的模型，还要更现实一些。通常假设存在着一系列不同结构的生产基金。在经济发展过程中，往往会遇到劳动资源从每一工人所占生产基金较少的生产中，或利用以前建立的生产基金的生产中被解脱出来和这些劳动资源转移到新建立的生产基金去的情况。使任何时刻净产品的增加成为最大（微分的最优化），这是一条标准。模型可用以下方程组来说明：

$$\varphi(t)=T'(t)+\varphi[m(t)]m'(t),\tag{3}$$

$$\varphi(t)\lambda(t) = x(t), \tag{4}$$

$$\varphi(t)U[\lambda(t),1] - x(t)U_{\lambda}{}'[\lambda(t),1] - e^{\delta[m(t)-t]}\varphi(t)U[\lambda[m(t)],1] = 0。 \tag{5}$$

式中,$\lambda(t)$为投入生产的新生产能力中每个工人所占的生产基金,$\varphi(t)$为新生产基金所需劳动力,$m(t)$表明从生产中撤回生产基金的政策。这些就是所需的函数。参数δ说明技术进步的特点。从这一模型中的投资效果定额,可以推导出下述公式:

$$n_e = \frac{1}{x(t)}\left\{\frac{dP(t)}{dt} - e^{\delta m(t)}U[\lambda[m(t),1]T'(t)]\right\}。 \tag{6}$$

通过对具体类型的函数$U[x,y]$、$T(t)$、$x(t)$而求得的方程组(3)—(5)的解,我们就能研究n_e和其他特性对经济系统各参数的相关性。

由于用来发展科学和技术的拨款以及在生产中应用科学和技术的规模都很庞大,因而在长期计划工作中,不能再把技术进步看作是一个外在的因素。应该把技术矩阵中各种变化之间的关系,看作是科学和技术发展的结果,看作是在这些目的上拨出了大量款项的结果。这样一来,必然会导致长期计划模型相应的结构复杂化,并且要为找出分配给科学的资源的最优份额问题列出公式。虽然就目前的现有资料条件来说,还不可能解决这些问题,但系统地说明这些问题这件事本身,也是具有重大意义的。

在科学技术进步的经济分析中采用最优化方法的意义和展望

经济措施必须最大限度地保证科学技术进步的有利条件,保证人们关心其发展，同时，必须提高对科学技术进步的最优化管理。

因此，在目前来说，经济管理必须建立在更精确而有差别的经济指标和更灵活的计划工作决策的基础上。利用最优化规划的数学模型，就能得到关于建立这样一种指标体系的重要结论。

我们将在下面提出这些问题，对它们进行深入的经济分析对科学技术进步具有特殊的重要性。

在经济改革过程中实行支付基金占用费，并在价格中考虑资金密集性的办法，促进了新基金的最优利用和产品的正确分配。然而，这还不够。还必须在不仅适当地考虑基金的平衡表价值，同时也适当地考虑基金的经济(租赁的)评价的条件下，采用更有差别的基金占用费支付办法，并计算考虑了设备年龄、利用强度和陈旧过时程度的折旧率。这些对于制定一项先进的更换设备的政策来说，是很重要的。在设备使用的头几年中，规定在经济上有根据的较高的折旧提取额和基金占用费水平，能促进对新类型设备的更集约的利用。现在实行的这种将更新设备的折旧在使用年限中平均分摊而不考虑各段时间之间的差异的做法，使得在评价投资效果时，设备(这一活跃的部分)比厂房处于较为不利的地位。

利用折旧提取额，是一种调节技术进步的十分重要的手段。遗憾的是，直到现在，这方面的研究成果实际上仍然没有付诸实施。与此同时，使费用结构本身发生根本性改变的好处，也是十分清楚的。费用必须分为两部分：一部分与设备年龄成比例，而另一部分则与设备的工作时间成比例。折旧率和基金占用费的这种结构将在技术装备的现代化中起着重大的作用。

在价格形成中，这种差别也是很重要的。在价格中考虑资金密集性，是 1967 年价格改革的一个重要方面。这一措施（其必要性已为最优化规划的理论所证明）大大促进了各部门价格水平的更正确的比例的建立，消除了许多具有计划亏损的企业，并改进了经济评价的质量。

但是，由于时限很短，对资金密集性的考虑还未能充分一致。一般地说，价格反映的不是某一具体产品的资金密集性，而是一个部门的资金密集性，而且也正是在这一资金密集性的基础之上，根据各部门的差别，分别规定了它们的标准利润率（对企业生产费而言的）。

这样一来，物质密集型生产的利润就比较大，而劳动密集型生产的利润则比较小。一般地说，在机器制造业中，老的、熟悉的产品的物质密集程度要高于部门的平均水平，而算得的名义资金密集程度，大大超过了实际资金密集程度。由于这一原因，机器制造业中老的产品就极为有利可图。另一方面，根据现行的计算方法论，处于发展阶段的先进产品，相对地说却利润较小。生产这些产品在经济上说是没有好处的。

采用科学技术进步的成果是一个持久的过程。由于这一原因，考虑时间因素，以及把发生于不同时间的费用与成果正确地加以对比，在这里就具有决定性的重要意义。例如，为了确定加速实现某一新工艺过程或生产某种新产品而支出若干费用是否合理，必须比较许多年的费用和效果。

然而，在实践中，对时间因素的考虑并不是有计划、有系统地进行的，而往往是完全不去考虑。前后一贯地考虑基建中的时间因素，逻辑上必然要求做到，发生于不同时间的费用总额必须进行贴现。在这样的做法下(其他条件保持不变),建筑组织将会关心最大限度地减少工程拖拉现象,关心集中使用投资,因为不这样的话,它们就没法不超出它们的费用限额。由此可见,如果正确地和完全地考虑时间因素的话,将能大大减少工程拖拉现象,从而减少冻结于未完成工程中的财力物力。从这一过程中解脱出来的财力物力,使我们有可能加快设备的更新速度。

在采掘工业中一贯地考虑时间因素,能导致矿藏的更集约开采。

当评价科学研究的经济效果时,正确比较发生于不同时间的费用,尤其显得必要。对许多与技术进步有联系的问题来说,通过一个单独的基于平均数据的贴现系数简单地考虑时间因素,已经被证明是不够的。极为重要的是要考虑由于各不同组成部分(原料、机器、劳动力)最优价格下降速度的差别,而最后造成的它们在最优价格关系上的改变。因此,对每类费用利用有差别的系数,将费用和效果贴现至某一时点,将会更精确些。例如,如果我们考虑劳动力相对价格的增长,就将提高对机械化和自动化效果的评价。

最后,对规定用于生产的产品的质量进行正确的经济评价来说,考虑时间因素也是必不可少的,因为这一评价必须包括产品在其整个使用期间的利用效果。

生产的集约化是农业中技术进步的主要方向。为了达到生产集约化,在农产品的价格中,以及在农业与政府的财政关系中,正确反映地租具有十分重要的意义。就目前来说,虽然在理论上也承认在社会主义条件下存在着地租,但在经济计算中并没有给予应有的考虑。与此同时,在价格、经济核算以及各农业企业与政府的关系中，有计划地利用这一范畴，将能进一步提高农业企业的专业化水平，并促进各种经济关系的发展。地租关系尤其能促进农业生产的集约化。当然，从同一土地面积所获得的额外产品不应支付地租，只有这样，才能不仅弥补生产费用，还能使经济获得高额利润。苏共中央四月全会(1965 年)关于超产部分额外征收的决议，已经考虑了农业生产集约化的方向，所以上述各项措施应该被看作是这一决议当然的进一步的发展。

建立农业中更正确的经济关系和指标，将使我们能够更精确地评价技术进步措施的效果，并为这些措施的实现建立有利的条件。最好先在俄罗斯联邦的一两个共和国或区内进行这种试验。

在经济分析中，系统并正确地考虑矿山租金，也具有十分重要的意义。这对采掘工业中价格的形成，合理开采矿藏，以及地质勘探远景工作来说，都很重要。在经济实践中引进估定矿产储藏量的价值的概念，可以消除由于不彻底开采而造成的无谓的损失。

在促进技术进步和发展新部门、新企业方面，合理分配劳动资源起着重要的作用。正确确定对不同类型的劳动效果的社会评价(以及工资)，是必不可少的。这两项指标使我们能够采用由各企业为使用不同种类的劳动资源支付有差别的报酬的办法。这一点已经在刊物上进行了反复的讨论。采用这些指标，可以保证将最好的劳动资源输送给新的生产设备，后者是技术进步的一个重要条件。[①]我们觉得，在那些每个工人所占基金较高的企业、那些具有高质量

① 指出下述事实是很有意思的：例如，在英国就存在着(而且规模很大)这样的支付办法。

自然资源的企业，或者生产新型产品的企业中，提高工人和管理人员的工资水平，也是完全合理的，因为最优地选择和保存干部，以及高度的劳动密集性，能提高产出-资金比，并促进新生产能力的形成。

进一步改进经济指标体系，特别是将净产品数量作为一项量的生产指标，和销售指标一起采用，对于实现技术进步也具有重要的意义。

为了使经济杠杆（价格、各种报酬等）能够有效，必须正确地规定它们。经济核算系统和对经济单位的活动的评价应该符合实际，卢布必须对企业具有监督作用，这些也都很重要。但是，经常却出现这样的情况，即不仅是供应者，令人不解的是，还有许多顾客，也对高价发生兴趣，出现了一些没有根据地暴利的和无利的产品类型。

只有用未能充分发挥卢布监督的效果这一原因，才能解释为什么多年来，好几亿吨煤都是以每吨 12—15 卢布的成本开采的，而只有 2,000 万—3,000 万吨煤是以每吨 1—1.5 卢布的成本开采的。

零售价格具有巨大的重要性。现在，零售价格还未能建立在一个统一的具有科学根据的基础上。零售价格是由于执行许多实施于不同年份的措施而历史地形成的，而这些措施也并不总是协调一致的。与批发价格相比，在具有同样社会意义的各种不同商品上，零售价格水平要相差好几倍。有些价格没有根据地过高，有些价格已经过时，另外一些则有其他不一致的情况。例如，由于自然条件的差异，水果价格在南方只及北方的几分之一，这是完全合理的。把西伯利亚民用电价规定得较低，这也是正确的，因为西伯利亚的发电成本较低。应该指出，有根据地降低价格，不仅能导致人民更高的生活水平，而且往往还会同时增加政府的收入。根据数学家的建议而制定的出租汽车新的收费标准，就是一个例子。

由此可见，调节消费品和劳务的零售价各体系，能够大大提高人民的生活水平，不断改变消费需求，增加销售额，从而为新工业的发展创立有利的条件。

和资本主义不同，在我们的国家中，像利润和收入这样一些指标本身，并不是最终目的，它们只不过是增加经济效果的一种手段。全国的经济效果和全社会的利益才是最终目的和判断标准。在某些情况下，经济效果不能在经济核算和利润中得到充分考虑（例如，利润并不是由于修建公路而发生的，尽管利润是十分重要而正确的指标）。这一点一定要在评价技术革新和科学研究的效果时考虑到。在这里，重要的是消费者所获得的效果，以及对其他部门未来发展的影响等。因此，必须详细研究充分考虑国民经济效果的各种方法，并付诸实施。企业和机构并不总是在采用新设备方面具有充分的经济刺激的。因此，应该努力创立一种评价技术水平和技术进步速度的方法论，并且制定一套在个别部门中检查技术发展情况的措施。

从国民经济效果的观点出发，在增加的产量上所发生的费用作为有差别的费用来考虑（这是由现行支出和投资支出决定的），比把它们作为平均费用来考虑要好得多，就在目前来说，大部分价格和收费却是根据平均费用的原则制定的。例如，按照我们的看

法，在制定新的铁路运输收费制度时，如果采用有差别的费用的原则，就将改变解决生产布局问题的方法，特别是，它早就可以驳倒那种认为外运坎斯克—阿钦斯克的煤是不经济的荒诞说法。这样一种方法能使我们更正确地决定合理的运输量，并论证在铁路网的发展中追加投资的效果。由于能促成更高程度的专业化和集中化，利用更好的（即使更远一些）矿藏，从而使工业的生产费用下降，所以这种投资是十分有利的。

根据加工工业（特别是机器制造业）中有差别的费用和平均费用之间的差别，就可以证明许多类型产品的价格应该降低，一些机床和工具的系列的规模则应该加大。这样一来，就为加快技术进步，增加投资中积极的费用份额（用于设备的份额），以及降低修理工作量，创造了前提条件。

社会主义经济的一个特点和巨大优越性，在于它的主要目标乃是最终国民经济效果，而不是个别机构的活动成果。因此，虽然我们建议的降低铁路运费和机器制造业产品价格的办法会略为降低这些机构的收入水平，但能在基本建设和其他部门中造成颇为可观的更多的节约，它将被证明是有利的。

经济核算（它已在经济改革过程中得到了进一步的发展）应与计划相协调，并应能刺激计划的完成。一个合理地建立起来的经济指标和经济杠杆体系还有另一种意义，即它能为根据新出现的需求和资源等，按照最有效的方向，在计划中做业务上的修正，提供手段。

在这些条件下，我们觉得，计划目标最好能以稍为灵活的形式加以规定。在编制生产方案（特别是编制新产品或新近采用的产品的生产方案)时,很难十分精确地指出这些产品的可能产量。企业为了保证能百分之百地完成计划,总是力图压低计划,在生产潜力方面留一手。生产的供应和组织都是根据这一压低了的目标进行计划的。这反过来又阻碍了在计划完成过程中出现的潜力的利用,特别是阻碍了必需产品的增产。例如,苏联国家计委关于管材轧钢机最优利用的计算,揭示了额外生产十万吨管材的可能性。但是,由于计划工作的灵活性不够,结果证明这个可能性是很难实现的。

如果根据生产数据的不确定性(随机性),我们不是在一个严格确定的基础之上,而是适当考虑预期的(或然的)结果编制计划的,那么,在一定的范围内,我们也许能达到一个大得多的产量。当然,这样的计划工作方法,需要一个更灵活的供应体系和可资利用的储备,因为这样才有可能修正在计划完成过程中的交货。这种做法能鼓励在组织新产品生产方面的主动性。我们觉得,这种计划工作制度最好先在经济试验中加以检验。

使计划具有更大的灵活性,以及扩大在计划中进行有根据的修正的可能性,将为技术进步、新产品的生产、技术钻研和科学试验,建立特别有利的条件,使我们有可能缩短实现技术进步所需的时间,并加快采用新工艺的过程。我们不久将使推广新工作方法所必需的设备达到大规模的标准化生产(这些新工作方法已向一切感兴趣的单位证明了自身的有效),而无须再采用冗长而简单的向其他企业“传递技术”的方法。

通过建立一些作为培育各项发明的基地的企业,可以缩短从产品设计至实际投产间的时间。当收到一个创新者的某种发明后，这些企业就要弄清楚该项发明的有用性、它的竞争能力和实现的可能性，同时，要对该项发明的经济效果做出大致的评价，然后就可指定一个适当的部门采用该项发明。这类企业可以在经济核算的基础上进行工作，即使每十项发明中只采用了一项，那也是值得的。建立专司试验的企业，加上试验的各阶段都集中于一地进行，将大大缩短开发和采用新工艺所需的时间。

当然，在评价发明的经济效果时，采用现代的经济分析方法，也是很重要的。

为了保证能最快地组织所发明的新产品的系列生产，最好能增加按照工艺原则而不是按照对象原则实行专业化的企业的数量。这些企业可以是超部门的，或者可以从属于一个具有一般目的的机器制造业的专门机构。通过从不同的机构接受订货，它们能够保证更高的生产率和更高的工作质量，能够配备更好的专业化设备，并且更集约地使用它们。

由此可见，建立在经济科学的现代方法和潜力的基础上的高水平的经济分析和生产组织与管理的进一步改善，乃是达到必要的技术进步速度的不可或缺的条件。

对技术进步进行经济评价的困难和特点

建立这样一些条件，使得企业经理——借用勃列日涅夫的一句妙语——不再回避新工艺，就像魔鬼闻到人们对正神烧的香的气息而逃避那样，而是期望使用于建立新工艺所必需的措施上的合理支出，得到补偿，而且企业经理的那种主动性和努力也能得到恰当的评价，这对解决科学技术进步的经济问题来说，具有极其重要的意义。

为了更好地理解描绘新工艺的经济特征的困难，以及克服这些困难的办法，首先需要指出新工艺的某些特点。第一，完全实现新的研究、开发和发明的过程，是一个漫长的过程，它包括许多阶段，需要 5—10 年，有时候甚至需要 25 年或更长的时间。例如，在美国，建立一项重大且得到公认的革新，所需时间如下：铝的生产为 31＋6＝37 年，无线电广播为 17＋9＝26 年，合成纤维为 6＋3＝9 年，计算机为 15＋6＝21 年，原子能电站为 11＋3＝14 年，集成线路为 2＋3＝5 年。①

在某一新产品开始进行工业生产和该新产品得到大量推广之间，也存在着很长的一段时间。例如，铝的产量只经历了 14 年的时间，就达到了国民收入的 0.02％，但这一百分比提高到 0.2％的水平时，却经历了 67 年。对航空运输来说，这两段时间分别为 8 年和 16 年；合成纤维分别为 2 年和 22 年；电视机则为 2 年和 4 年。当确定新工艺（一种新产品、一种新的生产过程）的命运，以及为新工艺的发展建立经济条件时，在某种程度上对这个统一和漫长的过程进行研究，是必不可少的。

新设备的第二个特点，在于它的生产具有高度动态的性质，这特别表现在经济指标的剧烈变化上（尤其是在采用的最初几年）。为了说明这一点，下面我们引用 A. П. 柯洛图什金娜在全苏农业机器制造研究所取得的关于许多新农业机器的生产的一

① 前一数字表示准备工作所需的时间，后一数字表示组织工业生产所需的时间。

般数据。

表 14-1 农业机器生产(假定为稳定的生产)因不同的采用年份而在本身费用上的变化系统

采用年份	1	2	3	4	5	6	7
基础系数	1	0.80	0.72	0.67	0.65	0.63	0.62

表 14-2 农业机器生产因不同的生产规模而在本身费用上的变化系数

年产量(千单位)	1.0	2.0	5.0	10.0	25.0	50.0
变化系数	1.394	1.348	1.225	1.0	0.661	0.608

例如,如果在采用的第二年,每台机器的本身费用为 3,000 卢布(假定产量为 5,000 台),加上外购材料和部件,共计 3,800 卢布,到第五年时(假定这时产量已提高到 25,000 台),本身费用将为

$$3{,}000\times\frac{0.65}{0.80}\times\frac{0.661}{1.225}=1{,}300\text{ 卢布},$$

这时,企业生产费用将为 2,100 卢布,而不是 3,800 卢布。如果是计算基本建设费用,差别常常会更大。

上面我们考察了生产发展中一个短的阶段中的变化。在推广新设备的漫长过程中,费用还可能下降很多,而操作性能和使用质量则可能显著改进。

新设备生产的第三个特点,在于数据的不确定性和存在着风险。例如,在所有的发明中,能够用于工业的不到 10%。

这些特点(当我们研究基本上属于新的且有希望的发现或发明时,它们起着极其重大的作用)都是我们在解决有关采用新设备

的计划工作和经济问题的过程中所必须考虑的。具体地说，上述过程就是指我们对以下重大问题进行决策的过程，这些重大问题有：新设备的研究和工业应用，发展新设备生产的速度和规模，在不同阶段中经济效果的评价，新设备价格的确定，新设备生产的拨款来源，提供经济核算的条件和物质刺激。

我们觉得，利用最优化规划的动态模型，就可以用经济的词语对新工艺进行评价，因为这种动态模型在原则上使我们有可能评价在一段漫长的时间内使用每种新方法的效果。只需根据一组动态的价格，计算整个时期中的全部费用和效果就行了，正值的结果将证明其有效果。同时，将没有利用这一方法而编制的最优计划和利用了这个方法(在最优的规模上)的最优计划相比较，根据最后的结果，就能判断一项发现或发明对整个经济系统的经济价值。但是，新工艺具有离散性和非线性的特点。它可以在某种最小的量下实现，而且费用和效果都决定于该量。当然，可以选定某一发展新工艺的方案，重新编制最优计划，将这一方案体现于计划之中。这样一来，就能根据所选定的能支配新工艺的采用的方案，来评定新工艺的效果(虽然是不完全的)。但是，即使是这样的计划，也很难被认为是现实的，因为由于上述特点，实际上不可能得到能说明新产品生产特点的经济指标的可靠数据，对于一个漫长的时期来说，情况更是如此。

基于同样的理由，说明新设备的推广的更具体的动态模型，以及这些设备的费用和价格的计算，也不具有足够的现实性，尽管它们都能在理论上得到证实。我和 B. A. 布拉夫斯基一起于 1964 年在全苏农业机器制造研究所的一次会议上所建议的模型，或者

Н. Я. 彼得拉可夫和 К. Г. 哥夫曼在他们合写的论文中所发展的模型，就是这方面的例子。

例如，后一模型研究了在上限和下限之间确立新设备价格水平的问题，上限决定于新设备对顾客的效果或相应的老产品的价格，而下限决定于新设备的费用。可能会出现这样的情况，在某一时期内，下限反而高于上限；虽然如此，新设备的生产仍将是有利的，当生产过程得到改进，而且新产品得到广泛采用后，亏损将连本带利得到补偿。但是，如果要求从新设备获取即时的和肯定的经济盈利，那在某些情况下，就得放弃这个新设备，而在另一些情交下，则会长期阻碍它的推广。当产品基本上属于新设备，特别是它的效果要在将来才能体现时，这种情形比较多见。

既然新设备以及决定其生产的诸条件，与老产品的生产大为不同，对于新设备各项问题所进行的经济分析，必然不同于用来评价经济措施效果的一般方法。同时，我们还曾指出，将最优计划的一组价格直接应用于这一分析，也是不可能的。

由于这些原因，同时考虑到新设备的一些特点，看来在评价新设备时，还是利用另外的预测方法比较方便。

不可能得到有关新产品生产未来指标的任何可靠数据（尤其是对一个漫长的时期来说），也不可能据以精确地计算经济成果，这就迫使我们必须用预测的方法，根据一些近似的和有条件的数据来进行分析。

说明在新的生产中所发生的费用和成果的特点，是非常必要的。除了在老产品的情况中也能见到的传统的费用以外（固定资产和生产性流动资金、劳动费用、工艺设计费用等），新生产还需要一系列其他费用：

a. 广泛的初步研究和开辟工作的费用；

b. 制造和试验样品的费用；

c. 制定生产方法，以及在某些情况下，还有设计和制造新设备的费用；

d. 在转换和掌握新生产时期，由于中断已掌握了的生产，或由于降低该部分生产的量，而带来的损失；

e. 职工培训费用；

f. 与失败的风险有关的费用（新产品的生产可能被证明在经济上是效率低下的，或者新产品的技术和经济参数，可能与设计参数不符合）；

g. 用于学习新产品使用方法的费用（因生产方法、设备和维修、使用须知、培训等均已改变）。

另一方面，如果新产品的生产成功了，它就将给国民经济带来许多效益，而绝不仅限于体现在实际生产的新产品之中的直接物质效果。从经济上说，新产品的这一效果仅仅部分地反映在它的销售收入中。由于这一原因，考虑新生产所带来的国民经济效果的许多其他因素，也是很必要的。我们在下面举出这方面的一些因素：

1. 对一种新产品来说，顾客所得到的实际效果，常常超过了它的价格（而且实际效果的大小，因不同的顾客而各异）。

2. 由于新产品更为现代化，因而用于生产新产品的设备（新购置的或经过改装的），往往也具有更高的经济价值。

3. 和老产品相比，新产品改进设计和生产方法的过程更快一些，产量增加得更快，销售也更有保证（总的来说，这些都为未来收入的增长创造了潜在的条件）。

4. 当生产第一系列产品的时候，经过改进的设计和生产方法将会降低随后生产中和其他掌握这些产品的生产的企业的费用，并提高产品的质量。

5. 新产品生产（或新生产方法）的掌握，往往使这样一些有关部门，诸如生产相似类型产品的部门，原材料供应部门，以及为某种生产或相似类型的生产提供所需设备的部门，不得不逐渐有所变化。这就产生了新的需要和新的技术要求，并且丰富了实践经验在某种既定产品中实现的研究和发展的方向。

总之，在一定时期中，因采用和生产新产品而带来的经济效果，只有一部分会直接体现于产品之中。另外的部分（有时候并不比前一部分小）则在于：作为掌握新生产的结果，提高了总的经济潜力和科学技术潜力。

由新产品的生产引起的各种费用是人们所十分清楚的，而且也被人们所承认，但是，新产品所产生的巨大的长远效益，却往往未能在数量上为人所重视，尽管在质量上已经得到了人们的理解。但是，在经济计算中忽视这些效益，意味着在评价新工艺的问题上采取不正确的方针，把新工艺置于不利的地位，阻碍技术的进步。

对新产品生产的这种“后效”的考虑表明，即使新产品的生产，在计划时期或计划以后时期被证明是不赢利的（费用或损失超过了总收入），这也并不意味着，组织该新产品的生产是不正确的。完全有可能，新产品的生产的潜在效益将会补偿所遭受的亏损而有余。

这种表面上矛盾的结论(即仅在很少的情况下,新产品和新生产方法能产生即时的经济效果,但在许多情况下,它们在初期阶段都是不赢利的),[①]不应使人们对新产品的生产产生畏惧心理,或倾向于放弃新产品的生产。建立一个适当的经济评价系统,必须尽可能考虑采用新工艺所带来的全部国民经济效果。因此,从经济上论证新工艺的方法,必须根本上不同于对传统经济措施效果的计算。本文不打算在这一问题上提出成熟的建议,而只是指出某些在我们看来极为重要的需要考虑的事。

关于新设备在计划时期和计划以后时期的情况,实际上只能得到掌握该设备生产的有限时期的和生产的最初几年的数据。不可能对较长的时期进行计划计算,而计划以后时期的计算更是难以进行。但是,如同我们已经指出的那样,计划以后时期的后效却不应忽视。必须通过预测的方法,利用在新设备上概括出来的统计数据,以及部门特点和某些专家的估计,例如,某项发明实现的可能性,某种新产品可能的推广量,或某种新生产方法可能的利用程度等,来考虑计划以后时期的后效。前面援引的通过概括而得出的农业机器随着生产的发展和产量的增加而降低费用的降低系数,就是这类评价的一个典型例子。为各类新产品建立这种特殊的标准并加以利用,是可以办到的。

① 当然,如果一项革新是正确的,则通过计算它在20—30年的整个时期内的生产、推广和它的后效,我们将发现,有用的效果和收入将大大超过生产成本。但是,我们没有进行这样长时期的经济计算的数据可供利用。经济核算并不延伸这样长的一段时期,对其他部门的效果则更少考虑。因此,我们必须考虑到这一事实,即在不太长的时期内,是不会有盈利的。

由此可见，在进行有关革新问题的计算时，我们必须考虑计划以后时期，考虑生产发展的动态和该时期的经济特点，以及推广革新的间接成果。

某些结论和建议

下面我们想扼要地说明一下，这种方法如何影响对新设备效果的分析，和为其实现创立经济条件的问题。当我们处理的是基本上属于新设备，而不是部分更新或部分新参数时，这个问题尤其显得重要。

在新设备生产上的决策。我们必须根据可以得到的数据评价新生产开始时的必要费用(基本建设费用和经常费用)。必须在这一基础上，确定单位新产品预计的费用*，并且把它与老产品的价格或新产品的效果加以比较。

在这些计算中，需要进行不少修正。如果我们关心的不是新产品一个时期的生产，而是新产品在国民经济中有计划地推广，那么，具有决定性意义的将是推广过程完成时所达到的远期的生产成本，而不是新产品最初的生产时期(一般地说，在第一个企业中)所形成的实际费用。后者仅仅只是我们在对远期生产成本进行更现实的评价时的一个重要参考。

因此，在计算中，我们有充分理由不去考虑由于生产最初几个设备模型成本较高而造成的该部分基本建设费用，和理应分摊到

* 即 $\sigma=s+\gamma k$，参阅本书第 153 页。——译者

随后的生产中去的大部分研究和开发费用,以及用于重新组织生产方面的部分费用。对于因使用非专门设备而造成的较低产量也应进行修正,同时,还应考虑到在生产发展过程中,费用将会下降。一般地说,这些修正可以不通过具体分析来进行,而根据各类费用的某些定额来完成。

经过这些修正后的长期的预计费用*,应与产品的效果或者被它取代的老产品的费用进行比较,以便解决新产品的效果问题,并证明进行新产品生产的正确性。

因建立新设备而造成的经济效果。这种效果必须按新设备不同的发展和生产阶段来进行评价。在这里,根据新设备可能的推广量,单位新产品预期的费用水平,并相应地根据由此而得出的效果(如果可能,可按不同的应用领域分别计算,并贴现到某一时刻),是能够做出初步的长期评价的。

也可以根据在计划阶段或采用以后在组织新设备生产的过程中所得到的结果,来计算经济效果。这时,利用新设备的经济效果,可以直接计算。但是,在这样的计算中,只应包括实际费用的一部分。另外的部分应由未来的产品和技术进步的生产性贡献来承担(可以为这部分基本建设费用和制造费用的合理数量规定定额)。最好不仅考虑从已经生产的产品所产生的效果,同时,还要考虑未来的几年中(那时,生产成本将会下降)产品所产生的效果。如果我们处理的是基本上新的产品,同时在进行评价时,新产品的推广规模或者它对有关部门的影响已经很清楚,则这些效果可以

* 即 $\sigma=s+\gamma k$。——译者

加到上面确定的效果中去。

应该指出，即使对效果进行了这样一种合理而又有刺激作用的评价，也绝不能说，有关新工艺的一切措施都是正确的，并将产生效果。新的探索总要承担不可避免的风险。新产品的效能绝对不能根据下述死板的要求来确定，即每种新产品或新生产方法应能偿还它本身的费用，而必须根据指导着整个技术革新研究和工业采用的技术政策的效能来确定。

在某些项目的生产上出现失算和不合理的费用，是可以允许的，如果其他项目的迅速而顺利的实现所带来的效果，能够抵偿这些失算和费用而有余。当然，这里指的是由于客观上的障碍和困难而造成的失算，不是指由于主观上不认真工作而造成的失算。

筹措资金和经济核算。如前所述，即使新产品的生产是合理的，而且最终也能产生积极的国民经济效果，但仍然可能在许多年中是不赢利的，新产品的产量和收入可能与它引起的费用不相适应。很明显，处于这样的情况下，除非采取特别措施，否则，生产新产品的企业将会无缘无故地处于困难的境地。

我们在进行投资时也遇到类似的情况。这时，费用也只有在多年以后才能得到补偿。但是，从积累基金中为这一目的拨出了专门的资源，而且没有人要求从最初两三年的产品中收回这些资源。

因此，组织新产品生产的过程（即使是在现有企业中），也应该看成是一项需要相当费用的长期措施，应该从整个生产—发展过程来评价它的效果。

基于和投资情况中同样的理由，这一过程不能在企业本身现有资源（发展基金）的基础上来实现，一般地说，它必须从集中基金

（部门的或国民经济的）得到拨款。同时，这种拨款必须在一段漫长的时期中提供，即不仅在进行准备的时期，而且在正式投产后的最初几年中，都得给予拨款。

因此，除了新工艺发展基金以外（该基金由于包括在老产品的企业生产成本中的5％的陈旧废弃补偿而大为增加），在新产品的生产上，利用来自国家或部门的投资基金的一部分资源，可能也是正确的。如果考虑到，一个企业转而生产新的更有价值的产品，意味着该企业的现代化，它导致了该企业固定资产经济效果的提高，并从而补偿了投资，这样做就更为合情合理了。

还有一些刺激措施也是可行的。例如，正在掌握新产品生产的企业，可以在几年中免交基金占用费，或者还可免交折旧提成。

在这样一些条件下，就能很好地实行经济核算，使生产新产品的企业感到，它们的处境并不比生产老产品的企业更坏。必须相应地为新设备（包括发明者）提供物质刺激。由于对新设备效果的评价，是在它的发展和在生产中被采用的几个阶段中，经过不断的修正而完成的，所以最好也按阶段提供物质刺激。

新产品的价格。如果我们有一种新产品，其生产已被证明是合理的，那么，一般地说，在其试制阶段，甚至正式投产后的最初几年中，其生产条件比较特殊，这时如果该产品的价格是按常规根据费用计算出来的，那么，这种价格将不仅不符合长远的（社会必要的）用于其生产上的费用，而且将大大超过它对顾客的效果，或者它所取代的产品的价格。这种情况阻碍了新产品的正确使用和推广，使得原来计划采用的领域不能采用，延缓了新产品的推广。另一方面，制定过低的价格，又会使新产品完全无利可图或相对地说利润不大，这将使生产企业处于不利的地位。怎样解决这个问题呢？看来还得遵循上述同一论点，即在最初生产中所发生的费用的一部分，不应该分摊到该新产品上去，而应把它转嫁到新型设备的建立，亦即科学技术潜力的提高上去。在这样的条件下，应该根据长远生产成本（包括正常的利润），同时，也要考虑到顾客从新产品中所得到的效益，来确定对顾客的价格。这样就能使新产品得到最广泛的可能的推广和有效的利用。对生产企业来说，最好规定一个结算价格，这种价格将能补偿企业合理的费用，并保证能达到部门所采用的利润率，甚至更高的利润率（可高达50%）。结算价格和调拨价格之间的差额，必须由发展基金（或者技术进步基金）来弥补。

特别重要的是，新设备的规划问题，评价新设备经济效果的问题，以及拨款、经济核算和价格的问题，必须在互相协调而不是互相隔离的情况下（同时适当考虑新设备的特点）加以解决。

我们已经介绍了解决这些问题的某些原则，尽管这些原则还只有一个粗略的形式。

已经有人提出了反对意见，他们认为这种考虑新设备的特点和困难的解决方法，是为新设备建立了温室条件，它阻碍了对技术方案的正确选择。

我们觉得，这样一种方法是完全必要的，正像要早日获得丰收就得在温室里培育秧苗一样。另一方面，在经济分析中忽视新设备的特点，将会迫使我们或者完全放弃新设备，或者常常虚假地调整数据，以便能在现行方法下证明新设备的效果。

由此可见，把科学上有根据的对新产品的经济刺激与限制陈旧产品的措施结合起来,是加速技术进步的一个重要手段。这种办法可望被证明比行政决定更为有效。

15　关于价格、费用和经济效果*

数学是用于寻求经济问题最优解的有力工具。在苏共中央关于发展社会科学的决议，以及全苏改善计划和经济工作会议的推荐中，都强调了研究和采用经济—数学方法的重要性。现在，苏联国家计委正在广泛地利用经济—数学研究的成果。在最后出版的关于编制国民经济计划的方法论准则[①]上，这些成果占了很大的篇幅，这不是没有理由的。数学和计算机正被用来制订许多部门的发展计划，并解决各式各样的经济和技术问题。

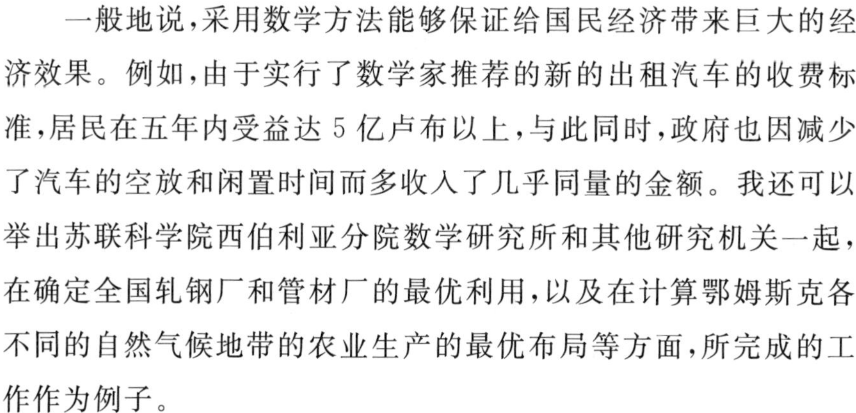

一般地说，采用数学方法能够保证给国民经济带来巨大的经济效果。例如，由于实行了数学家推荐的新的出租汽车的收费标准，居民在五年内受益达 5 亿卢布以上，与此同时，政府也因减少了汽车的空放和闲置时间而多收入了几乎同量的金额。我还可以举出苏联科学院西伯利亚分院数学研究所和其他研究机关一起，在确定全国轧钢厂和管材厂的最优利用，以及在计算鄂姆斯克各不同的自然气候地带的农业生产的最优布局等方面，所完成的工作作为例子。

---

* 原载于《工业生产经济与组织》，俄文版，1971 年，第 1 期。

① 《关于编制发展苏联国民经济国家计划的方法的指示》，莫斯科，经济出版社，俄文版，1969 年。

在国民经济管理的新条件下，当管理的经济方法的作用已被重视，而且经济核算也正在被千方百计地采用和改进时，最优化规划的意义更为增加了。

在经济改革的过程中，最优化规划的思想已经得到了某些体现。特别值得一提的是，在1967年的价格复审中，资金成分和地租成分已在价格结构中得到了考虑。在最优化规划专家的参与下，苏联部长会议国家价格委员会正在研究改进价格形成的进一步措施。利用数学方法，可以使确定经济指标和建立物质刺激制度的工作，以及计算地租和其他为改善计划和管理所必需的指标的工作，更有根据。

最优化规划有它自己建立经济指标的方法论，因而我们必须批判地对待许多经济和统计数据，以及基于这些数据的结论。

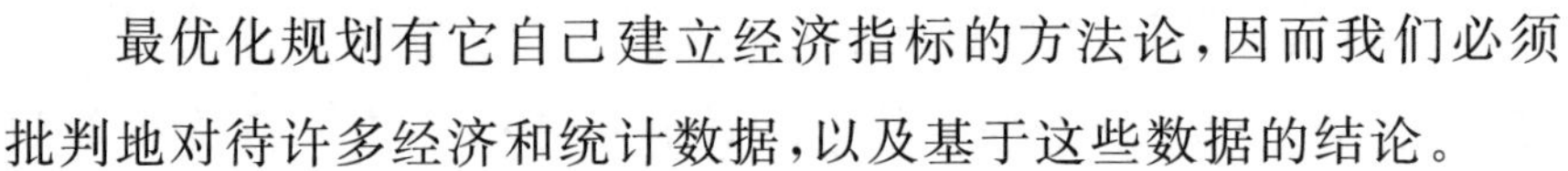

价格形成方面的缺点

在1969年5月召开的关于西伯利亚生产力的发展和布局的一次会议上，据报道，按照统计数据，西伯利亚的劳动生产率大约比苏联的欧洲部分高15%。但是，现在劳动生产率指标的计算是非常武断的，它不仅考虑了增加的价值，还考虑了转移的价值、营业税等。如果遵循这一指标，我们就会得出这样的结论，比方说，大部分人口应该集中在糖果工业、缝纫工业和酒精—伏特加工业高度集中的地区，因为这些部门的劳动生产率远高于采矿工业和煤炭工业……但是，如果我们考虑到价格形成的特点（它们造成了采掘工业和构成西伯利亚工业结构主要部分的某些其他工业的产品的不恰当的低价格),那么,西伯利亚的劳动生产率就不是高15%,而是要高很多,支持优先发展西伯利亚的论据也将更具说服力。

不同工业部门产品上的不正确价格关系,起源于下述事实,即价格形成(尤其是在采矿工业和木材工业中)未能对级差地租给予足够的考虑,结果,利用富饶的自然资源的效果和优点不能充分显示出来。虽然库兹涅茨克的煤炭和顿巴斯的煤炭质量相等,但前者的价格几乎只是后者的一半……

正确计算地租,对农业具有特别巨大的重要性。它能使农产品的价格以及农业企业和政府之间的财务关系发生重大变化。现在,土地在自然肥力上的差异,是通过价格而得到承认的:收购价格的水平因不同的农业地带而各异,这样也就比例于产量而征收了级差地租。如果收购价格在全国范围内规定得几乎相等,而这一价格在大多数地区都比现行价格高出很多,如果再将自然资源的固定租赁费规定下来,这就能促使土地得到更充分和更有效的利用。最好的和最肥沃的地段将被更集约地利用,这些地段上的生产将会增加,集体农庄和国营农场的收入都将提高。与此同时,政府以地租和所得税形式取得的巨大收入,也将超过由于收购价格的提高而造成的政府开支。当统一的价格制定以后,不必急于在全国范围内立即采用。我们应该先在一个地区或共和国进行试点,以便总结经验,全面推广。进行这样一场试验的时机显然已经成熟了。[①]

① 如需进一步了解,请参阅康托罗维奇所著"在农业生产中应用数学方法的途径",该文载于《灌溉的最优化模型》一书中,莫斯科,俄文版,1969年。

有时候，人们把一个地区和另一个地区在价格上的差异(例如煤炭价格的差异)归因于运输费用。但是，在制定地区差价时，我们不能依靠现行的铁路和航运运费表，因为这些运费表是根据平均指标计算，而不是根据一定类型的装运和运输网中的某一部分的具体指标计算出来的。这中间的差别可能是十分可观的。例如，鄂姆斯克—诺沃西比尔斯克干线的平均费用(每一千吨公里)只有 0.9 卢布，但全国铁路网的平均运费却高达 2.30 卢布。

运输部门(尤其是铁路运输)的特点在于下述事实，即在货运量上的增量支出(不论是经济费用还是基本建设费用)，要比每吨公里的平均费用低 1/2—2/3。这就是铁路运输的实际劳动生产率增长得很快而运费则一直在下降的原因。例如，在 1960 年到 1965 年期间，铁路运输量增加了 6%，而劳动力反而有所减少，运输成本每年降低 3.5%。运输部门货运量的增量支出与平均费用相差悬殊的特点，在经济计算中具有决定性的重要意义。还必须考虑下述事实，即当运输距离增加一倍时(比方说，从七八百公里增加到 1,500 公里)运输成本仅增加 50%—60%。有些国家(例如美国)的运费率就是考虑了上述特点而制定的。在苏联，每公里的运费实际上一样，过去，我们甚至实行了随着距离增加而增加的带有抑制性的运费标准。

在一个时期中，我们曾作为直观的假设而提出的看法[1](即根

---

① 康托罗维奇：《部门发展的计划工作和技术政策中的数学最优化模型》，诺沃西比尔斯克，俄文版，1966 年。还可参阅《经济问题》，俄文版，1967 年，第 10 期，以及《共产党人》，俄文版，1966 年，第 10 期。

据不同类型的运输和地区而考虑费用上的差异的重要性），已经为利用实际数据进行的详细分析所充分证实。[①]

对实际运输费用的精确分析，导致对下述有关地区定位的许多问题的重新考虑：合理的产量的问题，对企业具有吸引力的地理地带的问题，煤田的问题，矿床的问题，等等。人们开始怀疑，在许多情况下，当现有企业的生产能力并未得到充分利用时，又在新的地点进行重复的生产（例如建材企业的情况）是否划算；停止消费品长途运输的办法是否可取；等等。诚然，发展运输和增加运输量，需要消耗一定的物资资源和财政资金，但是，这时，在工业和建筑业中节约的经常费和基本建设费用，将大大超过这一支出。

例如，现在有一种意见，认为把坎斯克—阿钦斯克的煤炭外运不划算，我们认为这种意见绝不是没有问题的。事实已经粉碎了长途装运煤炭在技术上不可能的神话，另一个神话（即长途装运煤炭在经济上不划算）也必须加以粉碎。这些煤炭的实际运输成本很可能不是 1 卢布 75 戈比（煤炭运输网的平均成本），也不是 3 卢布（煤炭航运运输费用），而大致为每一千吨公里 70 戈比，这就是说，把这些煤炭运到乌拉尔，甚至中央地区，在经济上是完全划算的（每吨标准燃料的国民经济费用将不超过 5—8 卢布）。既然情况如此，使用西伯利亚煤炭（特别是坎斯克—阿钦斯克煤炭）的地带可以大为扩大，这些煤炭的生产速度也可以加快。我们用每吨 14—16 卢布的代价开采了几亿吨煤，而每吨成本仅为 1 卢布的煤

① А. И. 茹拉维尔："用铁路技术—经济指标对远途货运作用进行的研究"，《铁路运输运动》，俄文版，第 80 期，诺沃西比尔斯克，1968 年。

炭的开采量却微乎其微，这显然是没有任何道理可言的。

偏离实际费用，这也是客运收费率的特点（特别是在空运方面）。在航空运输中，采用随着距离增加而递减的收费率（类似铁路的收费率），在经济上完全是有根据的。居民将因此受益，而政府收入也将增加，因为空运成本将因空运量的增加而下降。与普通常识相反，现行收费标准是鼓励长途的铁路旅行和短途的航空旅行。

对个别种类的旅行（与医疗有关的旅行、休假旅行）实行减价，以及采用季节性票价，都不失为可取的办法。实行这些办法有着巨大的社会意义。它有助于提高西伯利亚居民的生活水平，使它接近苏联欧洲部分居民的生活水平，同时，也能从心理上劝诱人们前往西伯利亚工作。

在规定价格和收费标准时考虑实际费用，将会导致这一结论，即西伯利亚居民的用电应按降低了的标准收费，因为西伯利亚电力的生产成本要低得多，这正如南方居民买水果时花钱较少一样。电力的收费标准应不仅因地区不同，而且也因季节、因一周中的各天的不同而有差别，这是刺激人们更好地利用动力工业的固定资产的因素之一，而且也为各企业做到更均衡的电力消费安排提供了一种经济刺激。特别是，按照这一原则规定的收费标准，将促进电力在农业中的广泛应用。这样一来，不仅在蔬菜和技术作物的生产上使用固定的灌溉设备是有利的，而且在粮食作物的生产上使用流动的和应急的灌溉设备也将是有利的，这对保证西伯利亚和哈萨克斯坦在干旱年份的收成来说，具有巨大的重要意义。在夏季，也就是说，在发电站设备能力利用不足的时期，灌溉需要用电，如果在该时期中，给农业企业规定一种减价的收费办法，电力消耗就会增加，其所造成的效果将会超过由于降低收费标准而造成的损失。

劳动资源的合理利用

在经济—数学计算中所采用的对劳动的社会评价，能说明在一定条件下，在经济中增加一定量的劳动资源能提供多少效果。这一评价与工资指标并不一致。例如，在工资基金中增加 10 万卢布，可以使一个企业通过增雇人力而增加其净产量 30 万卢布。在本例中，30 万卢布于是就成了对劳动资源中指定的增加量的实际评价。在比较不同地区以及不同劳动范畴的劳动资源的利用效果时，这种评价方法起着重要的作用。但是，尽管这种方法被广泛应用于计划工作的实践，工资指标并不反映与招雇和使用劳动资源有关的全部费用。结果，在促使人们通过采用新设备解放人力(特别是在人力短缺的地区)方面，以及在各部门间恰当分配劳动资源方面，就显得经济刺激不够。

为了合理地利用劳动资源(特别是在人力短缺的城市和地区)，最好能在整个劳动力的利用上，或在个别种类的劳动力(例如青年男性劳动力)的利用上，采用特殊的由企业支给报酬的办法。[①] 这种办法将能促使居民从一个地区往另一地区更均衡的就

① 参阅康托罗维奇:《资源最优利用的经济计算》，莫斯科，俄文版，1959 年，第 2 章，第 4 节。

业，更有效地利用劳动力，提高固定资产的自动化水平和效率，以及更好地向最重要工业部门提供劳动资源。所收得的基金可以用来实现消除劳动资源短缺的各项措施，例如，改善国家边远地区（特别是西伯利亚）的生活条件。就我们所知，在某些国家内（例如在英国），这种劳动力利用税在个别部门的各企业中达到了可观的数量，来自这种税的总收入，超过了政府用在教育和保健事业上的全部开支。

时间因素

经常出现这样的情况：为了子孙后代的利益，我们这一代做出了某些牺牲，但最后却表明，我们的牺牲实际上是没有必要的。在矿藏的利用上，这种情况特别多见。例如，直到现在，大多数人仍然持有这样的看法，即矿井必须开采一个较长的时期，在任何情况下，该时期至少应和基本设备的折旧时间相等。煤矿的开采时期规定为至少 40—45 年，天然气矿的开采时期规定为 20 年。在 20 年中（更不用说 40 年了），我们将毋庸置疑地具有便宜得多的生产能源的方法，这一点已为原子能方面所获得的进展所证明。更有甚者，在目前技术进步的速度下，设备很快就会变得陈旧过时。

同时，按照现行评价效果的方法（一方面，燃料的年开采量在增加；另一方面，矿藏的开采时期在缩短），实际效果往往被评价过低。

我们设想，在把矿藏的开采时期由 40 年减为 20 年的同时，我们可把矿井的年产量由 300 万吨增加至 600 万吨。很多人认为，由此造成的企业生产成本的下降是不会太大的(比方说,大致下降15%就差不多了)。但实际上,生产能力已增加一倍的矿井,不仅取代了原计划的矿井,它还相当于又有了另一个产量为300万吨的矿井,后者单位产量的企业生产成本和投资,要比第一个矿井的相应指标低30%。如果我们是在另一地点建立这第二个矿井,所需费用很可能不是低于而是高于建立第一个矿井所需的费用(除非是找到了一个自然条件同等优越的矿藏)。对石油和天然气的矿藏来说,上述推理也是成立的。例如,美国规定了扁豆状(狭隘的)石油和天然气矿床的开采时期为5—6年。

矿床的集约开采,将急剧增加今后几年中矿物的开采量,由于设备未能完全提取折旧而带来的损失将能得到补偿。由此可见,必须以最大的效率进行矿床的开采,矿床的开采期限也必须缩短。减少建设和开发矿井所需时间,也具有同等重要的意义。我们甚至可以同意让投资猛增一倍,只要矿井建设时间能够减少一半。

正确评价矿井建设工程的各项费用,对加快建设进度来说是很重要的。这种评价绝对不能建立在对所估计的各项费用简单相加的基础上,而必须根据计算成本(即考虑用于建设和购买设备的各项费用的发生时间,并将这些费用都按距离工程投产前的不同时间进行换算)。对于不遵守材料和设备交货期限的单位,应该课以巨额罚款(直至货物成本的50%—100%),这一点也有很重要的意义。

最后,对时间因素的正确考虑(表现为折旧费在数量和结构上的变化),以及有科学根据地确定基金占用费的差别,将促使设备得到更完全的利用,同时,将显示出在设备这种积极部分上的投资，比在厂房和建造物上的投资所具有的经济优越性。

强化对现有建造物的利用，也是一个值得重视的问题。例如，专业化的列宁格勒的吉普罗天然气组织，曾经分析了几种不同的管道操作方案。它研究了通过建立更多的加压站来加强布哈拉—乌拉尔输气管道的情况。据计算，如果加压站数(包括必要的技术附件)增加一倍，输气管的输气能力即可增加 1/3，无需增加管道的费用，每年即能得到额外的 80 亿—100 亿立方米的天然气。为了强化输气管的利用，也可以利用在现有加压站上安装补充的加压机(包括那些作为后备的加压机)的办法。当然，由于安装补充的加压机，就得增加它们的产量；但我们的机器制造业是能够完成这一任务的，而且对机器制造业来说，甚至是有利的，因为当系列生产的量增加时，单位企业生产成本会急剧下降。

*　　　*　　　*

现在，苏联的国民经济已经进入了这样一个阶段，在这一阶段，生产的强化正日益成为国民经济发展的最重要方向。利用经济科学的现代方法，尤其是最优化规划的思想，将有助于达到已经确定的目标。

16 发展用于解决大型最优化规划和控制问题的计算工具的途径*

解决大型最优化规划和控制问题时，需要进行十分繁重的运算，这种运算是根据大量原始数据进行的，并需要进行在应用现代数学方法时所必需的大量数据处理工作。人们不论是在精确的算法（线性代数法、线性规划法等）方面，还是在迭代法、梯度法，尤其是组合法，以及扫描法、离散和随机规划法、模拟法等方面，都遇到了大量运算的问题。随着由静态问题向动态和预测问题转化，问题的复杂性和运算量都大大增加了。

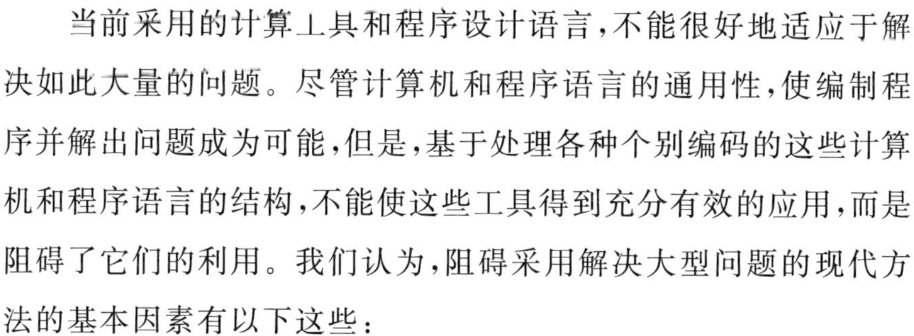

当前采用的计算工具和程序设计语言，不能很好地适应于解决如此大量的问题。尽管计算机和程序语言的通用性，使编制程序并解出问题成为可能，但是，基于处理各种个别编码的这些计算机和程序语言的结构，不能使这些工具得到充分有效的应用，而是阻碍了它们的利用。我们认为，阻碍采用解决大型问题的现代方法的基本因素有以下这些：

1. 处理的是个别的信息单元，这就使算法说明和程序大为复杂化了，并使它们缺乏灵活性，不能适应必要的变化和组合，不能

---

* 原载于《最优化》，俄文版，1972 年，第 6 期。

适应各种各样的信息的利用。

2. 在这种形式下准备的程序，特别是通过程序翻译而编制的程序，导致了对技术手段不经济的利用。由于存在着大量的辅助性指令(准备指令和控制指令)，计算机的工作时间不经济地消耗掉了，从而使生产率下降。计算机存储器的利用也不是十分有效，这一情况使计算机生产率的下降甚至更为严重。

在运算量接近计算机运算能力极限的情况下，导致了对计算机能力的极度需求，上述问题也就尤其显得关系重大。

我们觉得，这些缺点大部分与程序语言及计算机的通用性有关，因为它没有考虑到我们正在探讨的大型问题的结构和其他特点。

不妨列出这些问题的两个重要特点：

1. 存在着按一定方式组织起来，而且一般地说，也按一定方式利用的信息程序块(information blocks)。

2. 这些问题中的大部分数学算法，基本上在于对信息程序块应用一定的成组运算这一事实。

将这些特点加以考虑之后，可以获得更为有效的解决大型问题的手段。

在这方面，我们认为，使有关的不同职业的专家们(经济学家、数学家、程序设计者、工程师等)协调行动，共同努力，以便保证在解决为这些重要而复杂的计算提供有效的软件和硬件这一问题时可以采用系统方法，这一点是很重要的。

系统方法将会导致建立新的计算机和新的程序语言，这些新的计算机和新的程序语言通过它们特殊的数学算法，使上述经济问题能有效地得到解决，同时，也使这些经济问题能方便地进行说明，并翻译为有效的计算机程序。

我们相信，由于上述经济问题的重要性和大量性，是值得费一番苦心去研制主要用来解决这些问题的全套计算机设备的。但是，我们又觉得，这套设备也不宜是狭隘的专业化设备，它对许多其他种类的问题来说，也应该是有效的。

在为解决上述问题进行准备的过程中，最好先完成下述各项预备工作：

1. 将短期计划工作、长期计划工作以及控制问题，进行分类并使之标准化。

2. 使现在和将来广泛用于解决一定范围内的各种问题的各种方法和算法标准化（这些问题属于最优化规划、控制论、博弈论、线性代数、运筹学、统计学以及信息论等各个领域）。

3. 从最初的和中间的信息程序块的结构以及这些信息程序块的组织和处理形式着眼，分析各种独特的方法和算法，同时，还要分析密集输送、循环运算以及其他最费时间的运算。

4. 研究有效地实现信息程序块上的运算，以及有效地组织这些信息程序块的传递和处理，在技术上是否可能和通过什么技术手段。

5. 确定在建立高水平的程序语言时所必需的一些原则，这些程序语言应能方便而有效地说明指定的方法，能适应于相应的技术手段，并考虑它们的各种可能性。

6. 确定由这种程序语言说明的问题的翻译原则，并有效地利用合并的信息单元和技术手段能够进行的运算。

17 经济管理的现代数学方法*

改进计划工作和管理的问题，对提高社会生产效果的决定性意义，已受到人们的重视。在苏共第二十四次代表大会上对这一问题所给予的高度关注，尤其证明了这一点。这个问题，只有在现代科学和技术的成就——建立经济及其各个要素的过程和功能的数学模型；在企业、部直至国家的各级计划工作和信息处理中，利用结合在自动控制系统内的计算机和其他技术手段——的基础上，才能解决。

数学和在最广泛的词义上的软件（包括说明、模型、算法、程序和语言，以及信息组织和编码系统等整套东西），应该在这一工作中起巨大的作用。人们利用数学和软件，使实际生产和经济活动以及对于这一活动的管理，转化为有组织的信息流系统，这种系统在数学上是连贯的，并且还包含了对信息流的机械处理。定量的数学方法有着特别巨大的重要意义，其中主要的是用来解决极值问题的一些方法——最优化数学规划。这些方法（尤其是线性规划法）首先在苏联出现并不是偶然的，因为只有在社会主义经济的

---

* 作者为康托罗维奇、Е. Г. 哥尔希泰因、В. Л. 马卡罗夫、И. В. 罗曼诺夫斯基，原载于《苏联科学院通报》，1972 年，第 10 期。康托罗维奇院士的合作者均为博士。

条件下，为社会利益而最优利用资源的问题才得到了广泛而系统的解决。线性最优化模型已被证明是一种建立经济模型的有效而通用的手段，它已成为最优化规划的基本工具而被广泛地应用。线性最优化模型把考虑静态和动态形式的各种经济过程的非常微妙的特点的灵活性和可能性，同普遍适用于根据这种模型进行的计算的各种强有力的计算方法结合起来了。

线性规划的方法，不仅使最优计划的制订成为可能，也使一组与最优计划相协调的指标（对偶变数）有可能被创建起来。这一点在我们的经济制度所公认的各项条件下特别重要。在社会主义经济中，一切基本经济指标都必须做出计划，并须与生产和分配一起做出计划。价格及其结构、折旧提取额、生产基金占用费、使用自然资源的租赁费、投资效果定额等，所有这些都已在特定的数学模型中得到严格的论证，这也有助于阐明这些经济范畴本身的性质。

在经济中利用数学，不仅影响了经济科学这个工具，而且也影响了数学本身。由于经济上的考虑，已经引进了诸如惩罚函数（penalty functions）、程序块规划法（block programming methods）之类的数学概念。在要求解决核算和信息问题这种需要的巨大影响下，算法语言的理论正在发展起来。

经济学的数学问题已经大大地促进了数学的某些重要分支的发展，例如不等式方程组的一般理论、构造函数理论（constructive function theory）、凸形分析（convex analysis）、图解理论（graph theory）等。

线性规划法在实践中的应用，已经证明了它的效果。与此同时，研究者面临的基本困难和问题，大家也都已十分清楚。首先要提出的是计算上的困难。即使在线性规划的范围内,我们现在也正在处理着这样一种规模的问题,这种问题是现有的和已经设计的计算机的运算能力所不能用现有的方法来解决的(下面我们还将回到面对这些困难,我们正在用何种方式和何种措施来解决这个问题上来)。

另外一些困难发生在建立模型方面。经济的线性模型,以及在现实经济中利用这种模型的可能性,是建立在下述一系列假设的基础上的:存在着一定的齐次的组成部分(这也暗示了它们的无限可除性)、生产过程的线性、信息的完全性和可接近性、它的稳定性,以及一个无可争辩的最优化标准。但是,如同我们所知,这些假设中有许多并不总是符合实际情况。例如,在生产过程的强度发生变化时,关于线性的这一假设,只是在一定的限度内才是正确的,超过这一限度,就会遇到一个实际存在的非线性领域,它导致了产量和材料消耗方面的离散的变化。即使在极为详尽的模型中,也存在着许多"超模型因素",它们的实际影响有时候十分重大,不容忽视。有一些因素完全不能被包括到有定值的模型内。

在最优化标准的选择上也存在着巨大的困难,有许多指标都具有几乎相等的根据,可以作为这一标准。

通过建立更确精的最优化数学模型(非线性模型、动态模型、离散模型,或部分离散模型),以及在模型的建立中,利用另外的概念和工具,诸如博弈论、控制的随机过程理论、集合状态的统计理论(the statistical theory of collective behavior)等,这些困难都被解决了。为了把经济"背景"和特点体现到最优化模型中,一些特殊模型得到了深入研究和开发,例如价格形成模型、生产布局模型、投资效果模型、设备利用模型、供应和需求模型、库存品控制模型等。这些新模型引起了一些新的数学分析对象的出现，并导致了新的更为复杂的计算问题。

信息方面的困难与以下事实有关，即在最优化模型中，关于资源、需求以及材料消耗方面的原始数据，都被假定为已知且非常精确。“用信息填入模型”的问题，是目前最重要的问题之一。如果再考虑到在最优化过程中的算法所“寻求”的不是参数的最具有特征的平均值，而是最少可能的“离差”这一事实，利用不正确信息的危险就更为增加了。收集和处理数据的自动系统的出现，使我们有希望去开发解决最优化问题的标准数据库。

信息困难的另一个方面是取得预测数据的困难。为了编制长期计划（即使是不远的将来的计划），需要对需求、资源、各种关系以及技术潜力进行预测。这就有必要建立特殊的预测模型，例如技术进步模型、人口统计模型、经济地理模拟以及社会发展模型。反过来，在建立模型的方法上的进一步改进，又是解决这些问题所必不可少的。

* * *

让我们略为仔细地考察一下克服上面所列举的困难的途径。线性规划模型和用于这些模型的数值法，仍然是最优化规划工具的主要部分。由于这一原因，扩大这些方法的潜在功能的问题（由于需要解决的问题的规模加大了），仍然是研究人员的注意中心。

线性规划问题的规模决定于两个基本参数——一般类型的约束的数目，以及通常多于约束数的变数的数目。规模大的问题可能有许多变数，而约束数则或者较少（从几十、二百至三百），或者很多(约有五百或更多)。第一种类型的问题实际上并不复杂。这些问题可以用在信息的经济列阵中和在用计算机的外存储器进行的计算中所采用的某些方法加以解决,或者通过编制这样的求解程序,使之包括一个用于形成约定矩阵各列的单元而加以解决。在处理许多实际问题时,后一种方法是很有效的,例如,在最优利用材料的问题中,上述单元可产生配料卡;在卡车调度中,它为卡车确定任务的分派(行驶计划)等。只有第二种类型的问题才是真正复杂的。当试图用传统的线性规划的有限方法来解出这些问题时,所遇到的基本困难是:在计算过程的每一阶段,都需解出庞大的线性方程组。利用矩阵的逆作为乘数(同时以一个初等矩阵的乘积的形式,将它储存于计算机的存储器中),连续改进计划的方法,是计算这一类问题最有效的方法。苏联数学家提出了所谓重复法的经济平衡方法,大大提高了上述方法的效果。不过只有个别种类的问题取得了进一步的重大进展。在这方面,我们可以指出,已经为某些问题建立了非常有效的方法,在这些问题中,除了少数约束适用于全部变数以外,其余约束只适用于个别的变数组。例如,在部门计划工作问题中,我们把约束区分为普遍的约束和适用于个别地区的控制参数的约束。另一种情况是所谓运输问题类,它现在包括动态问题、多维问题及其他问题。进一步发展这些方法的先决条件是:分出新的问题种类,并且在更广泛地运用个别方法的同时,利用不同方法的结合。我们可以举出计算轧钢机的合理利用的算法的例子。这一算法是在诺沃西比尔斯克发展起来的,它已被用来为很大一部分轧材和管材的生产能力分配订货。

近来,关于计算工作在计算方面的问题(例如稳定性和差异解问题、计算过程中误差的累积问题），以及提供信息输入和保证对计算过程的控制的问题，引起了人们的特殊注意。编制线性最优化问题的计算机求解程序，包括建立专门的程序装置（每个程序装置具有自己的语言，具有自己的数据准备和改变系统），以及建立模数单元（module units），模数单元可以作为控制模数（control modules）而插入自动系统。

除了进一步改进有限方法以外，最好还能发展不同类型的无限迭代法，例如，利用非线性规划法和博弈法的思想。迭代法的优点在于：(1)它提供了在计算过程中利用以紧凑的形式提供的信息的机会，这往往能降低对计算机磁心存储器的需求；(2)和有限方法相比，无限迭代算法具有较大的计算稳定性。在统一的计算过程中，把两种方法的思想结合起来运用，不失为可取的办法。

当前，越来越频繁地遇到利用非线性模型来说明经济过程的需要。目标函数的非线性是这些过程中非线性的基本根源。非线性的概念包括与各种决策的离散性相关联而产生的非连续性，这些决策包括：新生产能力的建设，从几个方案中选择其一等；非线性的概念还包括了反映或模拟生产消耗非纯一性的“平滑的”非线性。非线性规划法研究“平滑的”非线性问题。非线性规划法的“主顾”之一，就是……线性规划法，因为人们发现，为了改善计算过程，有时候把非线性活动引入线性问题，甚至还更方便。但是，一般地说，非线性规划的有效计算过程与信息的量的增加有关（在每一步上，这些信息都必须存储和处理），因为在许多迅速收敛的过程中，所利用的信息的量按变量数的平方而增长。不过设计这样一些过程是可能的，在这些过程中，在收敛率与计算机存储器内所使用的信息的量之间，保持着合理的关系。

在这方面，已经对迭代过程进行了深入的研究，在迭代过程中，相继编制出具有目标函数的单调增长的诸计划（可允许的状态）。这些过程可以在几何上通过一连串从空间的一点向另一点（也即从一个状态向另一状态）的过渡的形式加以表示。在这里，从目前状态向下一状态的过渡包括两个阶段：选择移动的方向，以及选择步幅的长度。一般地说，这一过程的重要特殊方法——共轭梯度法（conjugate gradient method）、牛顿法以及类似的方法，能够保证二次收敛或超线性收敛。看来这些方法的发展和改进是很有希望的。

大家知道，梯度法的延迟的收敛（在梯度法中，方向矢量等于或近似于梯度矢量），是由于最大函数的水平面在一个或几个方向的延伸而造成的。因此，空间的转换（它将最大函数曲线图上的“山脊”变换为迭代过程个别步幅中的“顶峰”，这样也就减小了这种延伸）必然要加快收敛。已经提出了许多对这一思想的有意思的补充。遵守编制中计划所必须满足的约束，在有些情况下，会引起一个需要用特殊方法求解的特殊问题。这些特殊方法建立在几种基本思想之上。

一种方法是建立在允许的方向这一概念的基础上，按照这些方向，可以进行移动，同时又能留在允许的领域内，并能增加目标函数。另一种方法是利用惩罚函数（function of penalties）：通过将一个惩罚分量引入最大函数，用一个不具有约束的问题替换具有约束的问题。惩罚分量含有一个乘数——惩罚参数，该参数的增长导致了罚金数额的增加。当具有一个足够大的惩罚参数时，在不具有约束的问题中的最大点，被证明是接近于在具有约束的问题中所寻求的最优解的。第三种方法是建立在考察拉格朗日函数的基础上，利用拉格朗日函数建立一个对偶问题，以确定拉格朗日乘数的值，并将前述类型的方法应用于该对偶问题。一般地说，后一种方法导致了过慢的算法。惩罚法的缺点是：惩罚参数的增长，会引起用以寻求无条件极值的方法的收敛性急剧减速。最近，提出了一种结合了这三种方法的方法。对该种方法的应用，已经证明了它的效果。在新方法中，惩罚分量不是添加到目标函数中去，而是添加到拉格朗日函数中去，同时在每次迭代之后，人们不仅重新计算最优点的近似值，而且也要重新计算用于过程中下一迭代的拉格朗日乘数之值。已经查明，在具有某些许可的限额的条件下，新方法以线性速度收敛，同时（这一点特别重要），惩罚参数并不随着每一连续的迭代而增加。

凸形规划问题和凸性博弈密切相关。由于这一原因，博弈的方法同时也就是凸形规划的方法。用来解矩阵博弈的布朗法（即模拟博弈法，这种方法现已被扩大到涉及多人的广泛的博弈类），已经被大大地推广了。

数学规划的发展，推动了分析极值问题一般方法的发展。向无限数学规划法的过渡，使得有可能建立一些十分巨大的一般系统，它们包含了从逼近论、力矩论（theory of moments）和其他数学领域产生的非古典的极值问题，其中的每一类问题原先都是专门研究的题目。这也许是说明在经济科学的需要的影响下，一些古老的数学领域及其相互关系的发展的最生动的例子。

由于多极值问题的困难，关于非线性规划的研究，主要在于发展一些局部的方法，它们只能在单极值问题的情况下导致最优点。但是，为了解决实际问题（例如，有关部门发展的长期计划工作的问题和生产定点的问题），改进分析多极值问题的方法，也是必不可少的。所谓离散规划法的思想和方法，能在这方面提供很大的帮助。

关于离散极值问题的求解，可以从几个不同的方面来看。首先，我们应指出，在分离出几类问题这方面的成果，对这几类分离出的问题，可以用多少还算是简单的方法（例如，线性规划法的直接应用，或者稍加改变了的应用）求得解答。有关更深入地利用线性规划法〔尤其是所谓捷径法（cutoff method）〕的研究，基本上只具有理论方面的性质。我们承认这些研究的重要性和适时性，但与此同时，应该指出，在现有的情况下，对具有高效率的算法的实际需求还不能满足。

在改进基于方案扫描的计算方法方面，已经完成了不少工作。在缩减扫描过程方面的各种建议，使得为以下一系列实际问题建立稳定的工作方法成为可能：离散的最优设计问题（尤其是在造船业中），在许多复杂的系统中选择最优的替代系统和误差检验系统问题，以及在寻求最优近似公式时所必然遇到的统计问题。

虽然在苏联，关于改进了的扫描法的研究已经进行了一个较长的时间，但是，对于这些方法在计算方面的重要性，最初是估计不足的。在离散的和非凸形的问题中，生产定点和部门发展问题引起了人们的特殊兴趣，因为它们对于经济发展来说是非常重要的。已经对这类问题的求解试用了一系列的方法：改进了的扫描法、亚最优化法（suboptimization）、不完全扫描法、随机检索法

(random search),以及各种计算方法的不同组合。对于解决这个问题的各种方案(例如,对总产量、投资等附加约束的方案),也已加以研究。目前,人们关心的是就这个问题概括出的各种不同的结论。例如,对新工程不仅要选择地点或方案,而且要选择施工时间的关于生产定点的动态问题,考虑所建议的建设地点的有限可能性,同时考虑各工业之间的相互关系和它们是否接近原料来源等的多种产品生产定点问题。

现在可以公正地认为,这一整套计算问题乃是利用数学规划理论的最重要方面之一,因为关于最优工业定位的计算,已经应用于工业生产的一半以上——无论是从部门数还是从投资额来看。

在值得我们坚持不懈地钻研的其他离散问题中,可以举出对最优时间表的选择(尤其是在生产和建设问题中),以及离散生产参数的确定。在研究结合的方法方面,也应继续努力,特别是,我们应该利用捷径法和改进了的扫描法这二者之间以及它们和其他最优化方法之间的结合。我们应该学会估算为求解特种问题而利用改进了的扫描法时所需的计算量。动态规划法是求解某些离散类问题的一个重要方法。已经在广泛的范围上并从几方面进行了发展这一方法的工作。例如,除了直接利用根据周期关系的计数法以外,也发展了重新计算状态一览表的方法。提出这一方法的基辅数学家,已经用它解决了许多重大的经济问题,其中包括选择铁路路基的最优设计,输气管道上加压站的最优定位等这样一些问题。这种方法的精髓在于:通过各种“经济”指标比较动态过程的各个中间状态,然后舍弃那些在这一意义上说是“最坏的”状态。这样一来,在每一步上,只有一张相对地说比较短的“竞争状态”一览表，在重新计算了这张表之后，即可进行随后各步。

这种方法可以看作是改进了的扫描法的一个变种。

动态规划法作为研究最优化的概率问题的一种有力工具，也是非常重要的。当选择控制方法时，必须考虑到，一个过程的未来进程取决于一些随机因素。对不可靠的和磨损的设备的最优预防和替代计划，缺点检测，库存控制——所有这些问题都可以编到动态规划程序方案中去(半马尔可夫决策程序)。

在随机规划法中研究的线性规划问题的概率模型，就复杂得多了。进行这种规划的实际需要决定于下述事实，即观察和预测是我们关于所研究的过程的各参数的知识来源。不论是在观察还是在预测的情况下，信息中包含的在第一近似值中的误差，可以用概率模型加以说明。在这里，即使在模型准备阶段，也会发生各种困难，因为需要说明颇为复杂的面临风险和不确定性的计划和管理工作的状况。特别是，存在着许多意义不同的目标函数，选择哪一种决定于手头的问题：收入或出自计划的某些其他线性函数的数学期望值，该函数的离中趋势，该函数将超过某一水平的概率等。随机规划法也把不同的意义赋予了约束这个概念(按平均计算、根据概率等)和计划这个概念。计划可以被规定为一个定值矢量或一个随机矢量。在后一情况下，计划对某些原始随机值的结构相倚，常常是事先选定的(在多数情况下，是根据问题的现实意义，有时候也出于方便随后的分析这一考虑)。即使在现在，我们也可以说，在随机规划的理论和应用方面已有某些成果。但是，从实际应用于同概率评价(probability assessment)以及对为最优化计算准备的数据进行初步处理有关的问题来说，还只能说是刚刚起步。

解决这个问题,需要发展把最优化和统计方法结合起来的统一的方法。特别是,最好能发展基于统计信息的多步和定向存储的方法,以保证随后的决策的精确性。

为经济模型准备数据时所碰到的另一重要问题是集聚(aggregation)——把许多部门和产品合并为更大的群。最近,这方面已经有了一定程度的进展。例如,已经更精确地规定了一些方法,已经制定了用于计算集聚模型的迭代法。这方面的研究应该继续进行并加以发展。

* * *

改进数据库,提高预测的精确性,分析利用数学方法的结果,查明利用数学方法的新领域——所有这些都要求我们在建立和研究经济的数学模型方面进行艰苦的工作。

为最优化规划的普遍模型制定最优化标准或目标函数,这是经济最优化模型建立中的一个困难问题。很长一个时期以来,某些学者的著作论证了消费最大化的标准。但应指出,在某些情况下,最优化规划理论的基本计算,并不依赖于一个特定类型的目标函数。

一般的最优化规划模型,对理论研究的目的来说是合适的。但另一方面,在完整的形式下实际应用模型,却有困难。苏联科学院西伯利亚分院数学研究所通过简化一般的模型,得出了一个用于编制最优长期计划的大型集聚模型。中央经济—数学研究所、苏联科学院西伯利亚分院工业生产经济和组织研究所,以及苏联国家计委经济研究所,已经提出了一些类型稍微不同的应用模型。

从理论上说，用于联成一体的国民经济计划工作这一目的的大型集聚模型，已经十分完美地研制成功了。现在，重要的是检验这些模型，并将它们结合进国民经济计划工作体系。在这一过程中所碰到的各种数学问题内，我们来谈谈在计算原始数据的波动对各种不同经济参数的影响的算法方面的研究情况。

关于经济最优化模型的理论研究，研究人员的兴趣已经转到动态经济模型上来。对于发展编制长期发展计划的方法论来说，动态经济模型具有巨大的重要性。

从数学上说，编制最优长期计划的动态模型，就是一个找出起源于一定状态并导致目标函数最大值的轨迹的问题（目标函数与轨迹的整个集有关）。在这一点上，我们可以考虑有限长度的轨迹，也可以考虑无限长度的轨迹。

在最优化轨迹中间，存在着一些基本比例保持不变的特殊轨迹。这些轨迹被称为屏障。屏障具有两个显著的特征。第一，它们被用来实现经济的最大可能的持续增长率（它能维持任何长度的一段时间）。第二，任何最优轨迹，不论其原始状态如何，都会随着时间的进展越来越接近屏障，最优轨迹受屏障吸引而趋向屏障，即所谓屏障定理（*turnpike theorem*）。屏障定理并没有消除动态最优化经济模型中最优化标准的问题，但是，它减少了合理的最优化标准的数目。在制订长期计划时，屏障定理被用来评价计划以后时期的影响。在这方面仍有尚待解决的问题，例如，从技术进步和经济状态的相互关系的角度全面评价技术进步的问题。

苏联科学文献较少注意对经济平衡的模型的研究，而较多注意对最优化模型的研究。这是很自然的，因为平衡的模型建设性意义较少，它的目标仅仅是间接地改进经济的计划工作和管理工作。和最优化规划模型不一样，平衡的模型并不以经济过程中各个不同的参与者存在着一个单一的目标为先决条件。相互作用的结局可能导致某些稳定的状态，它们被称作平衡状态。按数学内容来说，经济平衡的理论接近于涉及许多人的博弈论。

规定这样的条件(在这些条件下，平衡状态被证明是最优的，也就是说，它导致了某一个普通目标函数的最大值)是很重要的。弄清这些条件，对经济理论，特别是对于使管理的分散化成为可能这一点来说，具有决定性的重要意义。这一问题的解决，对于为经济的个别部分建立刺激系统(这是和社会的总目标相协调的)来说也很重要。

混合模型(经济平衡模型仅仅是其中的一部分)是很重要的，因为在实际经济中发生的过程，既和平衡有联系，也和普遍最优化有联系。

在制定寻求平衡状态的数值法方面，仍需进行大量工作。特别重要的是这样一些方法，它们的计算设计就模拟了趋向平衡状态的一定的运动过程。

我们迄今研究的模型都是关于整个经济的。但是，它们只能有条件地被称为经济模型，因为一般而论，它们反映的只是国民经济不同部分之间相互关系的一个方面——综合平衡方面。由于这些模型要应用于许多自动控制系统中，因而使它们更好地适合于计划工作的实践，特别显得重要——完成这一任务，要求我们坚持不懈地努力钻研能够更详尽地说明经济系统运行情况的规划。

已经进行了这方面的个别研究，现在正继续进行研究。目的是要解决库存控制的问题，计划评审法(PERT)和日历计划工作的问题，同时制定设备最优和及时更换的模型(从设备的可靠性和成本指标的观点出发)。已经开始研究关于不均衡季节性消费的产品供应的模型。在这样的情况下，运输模型和库存控制模型结合起来了。但是，它们和各种一般经济系统的模型相配合的问题，还没有得到足够的研究。

经济系统中的另一个重要参数是系统管理的结构，它只有适当考虑到系统的运行情况，才能选定。从属关系结构的确定，责任水平的确定，以及信息流的确定，仅仅是过程中所遇到的问题的一部分。关于建立一系列国民经济模型的一些问题(特别是一系列模型如何发生作用的问题)，也必须从各种说明运行情况的模型的角度来加以解决。如何把部门计划工作和地区计划工作结合起来，也是亟待解决的一个问题。

* * *

从以上的探讨可以清楚地看出，与建立现代科学的经济管理所需要的软件有关系的问题，是多么多、多么复杂和形形色色。很明显，经济学对数学所提出的要求，并不少于物理学或机械学对数学所提出的要求。对于改进国民经济管理的计划工作来说，发展和掌握软件的水平显然具有巨大的实际意义。与此同时，在这方面的科学成就，研究工作的规模和人员配备，都和问题的规模和迫切性不相适应。

这就是增加研究工作的深度和广度，对经济管理的数学方法做更深入的研究，显得如此迫切的原因。这种研究的极端必要性和实践所规定的完成的最后期限，要求我们实行特别的组织措施。在这些措施中，我们首先要提到的是，要把相当多数学家调到新的领域来工作。进一步的措施就是在数学研究所、高等院校以及经济计划研究机构和计算中心，建立相应的实验机构和学部。我们认为，计算中心除了建立各生产小组外，还应建立从日常运算工作中解脱出来的专门研究小组。数学系应该向学生讲授相应的专业，并组织数学家的重新训练工作。正如经验所表明的那样，短暂的“冬校”和“暑校”是不能起什么作用的。最重要的是组织数学—统计学家的训练工作，并制订训练专门研究数学的技术人员的计划。我们还应制订一个编写专门的教科书和专题著作的计划，也许还应创办一份有关数学的这些新领域的专门刊物。

18 轧钢厂的最优利用*

我们有可能根据苏联社会主义经济管理和科学的经济计划工作(特别是供应机构的工作)的多年经验,在如何实现社会主义经济制度所固有的优越性这个问题上得出一般的结论。

在纪念列宁诞辰的日子里,这一经验受到了特殊的注意,因为在半个多世纪的发展中,列宁关于社会主义建设的方法的指示,已经得到贯彻执行。

分析近几年来所遇到的问题的解决情况,有着特殊的意义。一方面是因为这些问题与实现旨在进一步改进国民经济的计划和管理工作的经济改革有关;另一方面,还由于它们是和生产管理中广泛引用现代科学方法和控制论的机器相联系的。

我们认为,正是这些方面使得社会主义制度和资本主义制度相比(除了众所周知和一般公认的它在社会经济方面的优越性以外),它在组织上和经济上的优越性以及生产效率能够最大限度地发挥出来。

正如机械化生产当年曾经揭明资本主义与封建主义相比在经济上所具有的优越性,现在,只有在社会主义制度下,才能充分实

* 原载于《物资技术供应》俄文版,1970年,第4期。

现科学向直接生产力的转化，以及对控制论机器的利用（它把人类的思维活动扩大了许多倍）。利用社会主义优越性的可能性，在这方面特别明显。它们尤其能在苏联国家物资技术供应委员会的工作中显示出来。西方世界还没有一个具有这样大的规模和潜力，按其任务和组织来说，又是如此强大而高度综合的公司。

本文将扼要地叙述一下在苏联科学院西伯利亚分院数学研究所（我们直接参与其中）的创议下，在苏联金属总管理局开始进行的一项具体工作。我们将谈到轧钢厂的最优利用，以及利用数学方法和计算机制定金属订货一览表的过程。

早在 1940 年，当线性规划理论的原则在苏联出现后不久，人们就已指出在各轧钢厂之间合理分配生产计划的可能性。从那时以来，无论是在我国还是在别处，都已进行了多次尝试来解决轧钢机利用中的个别问题。但是，全面解决这个问题的有系统的工作，还只是六七年以前才开始的。这项工作现在快要完成了。除了苏联科学院西伯利亚分院数学研究所以外，参加这一工作的还有以下单位：乌克兰科学院控制论研究所，全苏管材科学研究所，苏联黑色冶金工业部全苏黑色冶金工业生产和劳动组织科学研究所，苏联金属总管理局和苏联国家物资技术供应委员会所属的计算机工艺处，以及苏联国家物资技术供应委员会计算机中心。

已经完成的工作的实质是什么？过去的做法是怎么样的？新近发展和完成的系统又是什么呢？

苏联金属总管理局是根据集中的原则分配金属订货的。它按照各计划机构以合并的大项的产品目录的形式分配的总额，与冶金企业（具体轧钢厂）的生产计划相配合，根据客户要求的具体规格，发给各客户从指定企业获得所需产品的许可证。与此同时，必须考虑冶金工厂和个别轧钢厂的专业化程度和技术潜力，由特别议定书规定的生产方面的各种限制，运输方面的各种要求，等等。工作量之大（例如，即使产品级别不多，也要根据好几千种牌号、轧制型面和尺码准备数以万计的许可证），以及要求在尽可能短的时间内完成这一工作，造成了巨大的困难。在工作过程中还会出现另外的麻烦，因为只是在合并的大项的形式下保持计划的平衡，一些消耗大量劳动的轧制型面和尺码的金属将会供应不足，必须限制对它们的需求，有时还需要用别的型号来代替它们。在制定订货一览表的过程中，并未寻求最优解——作为一个整体的最优化。在这一过程中，只考虑了生产企业和客户之间地理上的接近，以便缩短平均运输距离。

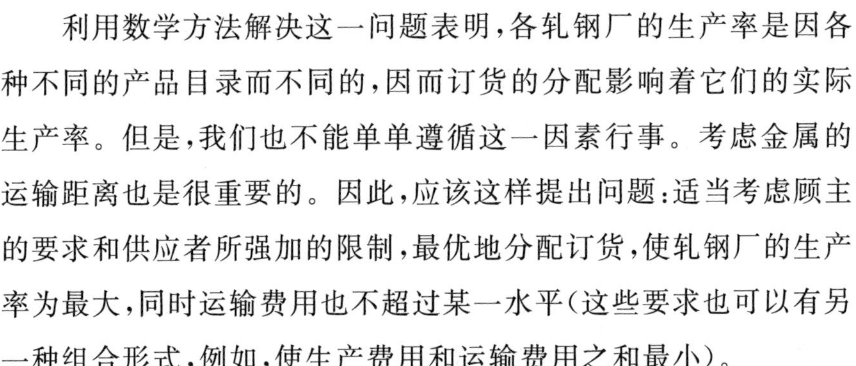

利用数学方法解决这一问题表明，各轧钢厂的生产率是因各种不同的产品目录而不同的，因而订货的分配影响着它们的实际生产率。但是，我们也不能单单遵循这一因素行事。考虑金属的运输距离也是很重要的。因此，应该这样提出问题：适当考虑顾主的要求和供应者所强加的限制，最优地分配订货，使轧钢厂的生产率为最大，同时运输费用也不超过某一水平（这些要求也可以有另一种组合形式，例如，使生产费用和运输费用之和最小）。

这是一个线性规划问题。如果把它作为一个一般类型的问题来看待，它将具有极其庞大的规模——一个 3,000,000×30,000 阶（变量约束）的矩阵。很明显，具有如此规模的问题是以前从来没有处理过的。但是，上述问题的特殊性质方便了它的说明和求解。

数学家必须精心搞出一套特殊的方法和算法，先在苏联科学院西伯利亚分院数学研究所的 M－20 计算机上编制程序并加以试验，然后为明斯克-22 计算机重新编制程序系统——明斯克-22 计算机是归冶金研究所和苏联国家物资技术供应委员会计算机中心使用的。

冶金工作者则必须收集和分析关于几百个轧钢厂生产几千种产品的生产率的信息。必须制定一个用于描述和处理信息（订货、约束）的协调的系统。

要使最优化计算从人力操作过渡到计算机操作，就得彻底改变发布订货一览表的制度，并改变人们的思想——克服心理上的障碍，并有效地解决在执行制度中遇到的许多问题。例如，已经证明，必须大大改变各冶金企业的生产计划（和它们原来的计划相比而言）。

轧钢厂的最优利用是建立在现行的金属集中供应制度的基础上的。没有这样一种集中的规划制度，就不可能达到轧钢厂生产能力的充分利用。在这方面实行的各项措施，应该看作是上述制度的一种改进。不过这种改进是带有根本性的改进，它使我们能够更完全和更有效地利用这一制度的优越性和可能性。

改组的目的不仅在于而且主要也不在于把和发布订货一览表有关的大量工作转移给机器，而在于大大改进这一工作的质量。经验表明，这一目的是可以达到的。用计算机按最优方法计算订货一览表，已经被证明是更有效的。

仅仅天然气输送管这个例子（对它首先实行新的制度），就说明合理地给各企业分配订货（一方面适当考虑订货量，另一方面又适当考虑生产能力),就能在同样的生产能力下,额外生产大约6万吨产品。与此同时,部分潜力可以用来完全消除劳动密集型产品的短缺现象。运输费用减少了15%左右。许多实行了最优化订货一览表制度的别的型号的管材(例如中等尺寸的有缝钢管),都获得了类似的结果。

到1969年的下半年,已经对大约2,000万吨的管材实行了最优化订货一览表制度;据说,对其他型号的产品也要实行这个制度(例如,对小尺寸的板材)。对一切型号的轧材实行这一方法,将相当于增产几十万吨甚至几百万吨额外的轧材。但是,如果我们考虑到下述事实,即现在我们是严格按照各企业的生产能力给它们分配订货的,而且各企业对最大限度地挖掘和扩大生产能力也感兴趣*,则由于实行新制度而得到的生产能力的增加额,相当于在轧钢厂的生产能力方面,一年增加4%—6%。消除多种轧型钢材的短缺,是具有巨大的经济重要性的。

目前,改进和扩大这些方法的应用的工作在持续进行。例如,它们可以应用于汽车轮胎、纸张等的生产。尽管这些类型产品的质的规定性和生产条件完全不同,上述方法和制度在很大程度上也可以用于这些产品。

除了订货的最优分配以外,人们对于利用同时得到的另一问题的解答,即对生产的劳动密集程度和对生产能力的估计数,也是很感兴趣的。这些估计数可以用作客观计算最优价格制度的基础。有科学根据的金属产品价格的规定,将使我们有可能造成这

---

* 这就是说,单靠微观经济范围内的措施提高生产能力,潜力已不太大。——译者

样一种情况，即一切合理分配的订货，将被证明对每个企业都是同等有利的。这又将进一步促进对轧钢厂和订货一览表的最优利用。

在此以前，这些运算都是在只具有普通能力的计算机上进行的。现在，苏联国家物资技术供应委员会具备了强大的“系统4—50”计算机。利用这一系统，人们就有可能把有关轧钢厂最优利用的工作，和完成订货过程中所取得的一切数据的处理工作结合起来。这将使人们能够更有效地控制订货的完成。

现在，供应工作正根据集中管理供应和地方机构的活动相协调的原则进行。很明显，将来最好也不要把一切订货都直接由中央来抓，而应将其中的某一些交由地方经营。但是，直接授权地方自行处理有关利用供应者相应的生产能力，以实现来自各该地区客户的订单的问题的建议，却是不能接受的。这样一种对分配订货问题的划分办法，破坏了解决方案的最优性，降低了利用生产能力的效率。再一次强调下述原则是很有必要的，即必须统一规划各种类型轧材生产的定点问题，以及把半成品、原料等包括到订货的计划工作之内的问题。

考虑对经济关系稳定性的需要，也是一个涉及最优分配的重要问题。虽然对它们进行核算在原则上是可能的，但此项核算工作尚未计算机化。然而必须指出，这种稳定性不仅不是经常能做到（例如，由于动用了新的生产能力），而且也不是经常有此必要的。如果我们谈论的是对某种类型的生产所特有的供应的技术和生产关系，那么，这种关系的稳定性是很重要的。但是，如果我们谈论的是标准供应（这种标准都能得到严格遵守），那就将它们直接分配给客户，或者经由地方管理机关，也许比较正确。

在为达到轧钢厂的最优利用进行了试验，并对轧材订货分配问题进行了科学的分析之后，我们就有可能得出关于进一步改进供应的一般结论。

首先，看来很明显，苏联国家物资技术供应委员会不能把自己的工作仅仅局限于完成了的供应品的分配。通过订货的分配，它就能够对生产，对生产量和生产的专业化，产生积极的影响，从而能够更精确地决定应该分配什么和分配多少。因此，苏联国家物资技术供应委员会应该更透彻地研究生产条件，并应同各个生产部门保持更密切的联系。

其次，最优利用生产能力的实践再一次证实了这样一点，即有必要修正生产计划并在计划中做出有效的业务上的变更。例如，当发现还能生产 6 万吨额外的天然气输送管以后，下一个问题就是查明额外的客户有哪些，并确定谁的需要应该得到满足。寻找制造这批管材的额外原材，也是需要解决的问题。

由此可见，组织生产资料周转的活跃形式，要求供应机构具有一定的权力，使它们可以独立地或者和计划机构一起进行生产计划的业务上的修改。

如果苏联国家物资技术供应委员会除了供应各客户以外，还能建立一定的本身的储备（不分配的储备），特别是标准类型产品的储备的话，就能有助于业务上的调节。这种集中的不分配的储备，要比分散于各个企业的储备有效得多；它能对企业提供更有效的帮助。

供应机构参与业务上的分配的必要性，也已由下述事实得到证明，即它们和客户不断接触，因而了解对哪种产品的实际需要是减少了还是增加了。由于手里掌握着未分配的供应储备，它们就能保证获得额外的产品，因为在许多部门的企业中，产量多半不是受到生产能力的限制，而是受到供应短缺的限制。超过计划的额外产品，特别是由于企业本身的积极性而造成的超产（例如，用生产一系列产品来取代订货中的单项生产，或者生产新类型的产品），应该受到广泛的支持。

很明显，在经济改革的发展过程中，我们必须预期过渡到一个更灵活的编制生产计划的制度，使企业的计划能根据对它的潜力和产品需求的预测来决定，同时能在达到目标的过程中得到修改。这将有助于更全面地挖掘潜力。生产计划编制工作的灵活性的增加，又要求供应系统也有更大的灵活性。在这样的条件下，供应计划必须不仅根据计划的调拨单（在已经详细规定了的调拨范围内），而且根据对尚待详细规定的额外调拨单的预测估计量来制定。应该准备一个能够想象到后备资源、各调拨单的轻重缓急，以及影响交货量和交货时间的经济手段等的灵活的调节供应的业务系统。例如，最好能做到，80％—90％的订货都在建立案卷时详细列出各种规格，剩下的订货，客户企业有权在一年内，对交货的产品名称，也许还有交货量，进行修改。但是，考虑到生产者企业、计划机构和供应机构需要及早收到关于订货的信息，最好对这部分追加的调拨多收 10％—15％的钱，使客户只有到必要且对他有利的时候才使用这种追加调拨。在这方面，必须有一个考虑到产品的实际费用和产品匮乏程度的灵活的价格系统来发挥重大作用。

由此可见，在经济改革的条件下，要进一步发展计划供应，就

得一方面日益广泛地利用科学方法和控制论的技术手段，另一方面，减少供应的计划工作中的死板性，提高满足需要方面的效率，并用经济杠杆来代替行政限制。

集中供应具有高度的灵活性和效率，因此它也就具备了批发贸易的许多特点和优点。至于集中供应和批发贸易如何结合最为有利的问题，则需要在适当考虑能保证最大的国民经济效果的各种具体条件的同时，进一步加以研究。

在这方面，科学和实践结合起来就能发挥重大的作用。现代科学具有能在国民经济中（例如，在物资技术供应的组织和计划工作中）获得实际应用的巨大潜力。与此同时，在与实践交流的过程中，科学本身又会遇到有意义的新问题，并有可能从实际经验中引出一般性的结论和发现进一步提高社会主义生产的长远效果的新途径。

图书在版编目(CIP)数据

最优化规划论文集/(苏)列奥尼德·V.康托罗维奇著；王铁生译.—北京：商务印书馆，2017
(汉译世界学术名著丛书：120年纪念版：珍藏本)
ISBN 978-7-100-14124-6

Ⅰ.①最… Ⅱ.①列… ②王… Ⅲ.①最佳化—经济规划—分析—文集 Ⅳ.①F224.31-53

中国版本图书馆CIP数据核字(2017)第138788号

汉译世界学术名著丛书
(120年纪念版·珍藏本)
最优化规划论文集
〔苏〕列奥尼德·V.康托罗维奇 著
王铁生 译

商 务 印 书 馆 出 版
(北京王府井大街36号 邮政编码100710)
商 务 印 书 馆 发 行
南京爱德印刷有限公司印刷
ISBN 978-7-100-14124-6

2017年12月第1版 开本710×1000 1/16
2017年12月第1次印刷 印张16½
定价：80.00元